谁偷走了我的时间

高效时间管理手册

若涵 著

中国纺织出版社

内 容 提 要

为什么你的时间总是不够用？为什么注意力总不能集中？为什么付诸所有精力却收获甚微？关键是你需要学会科学地管理自己的时间！这本书从不懂时间管理的现象入手，结合诸多案例和现实情景，全面阐述了高效工作的时间管理策略和方法，帮助读者认识到时间管理的意义，掌握提升工作效率、改善不良现状的具体方法，是一本极具实用性的方法书。

图书在版编目（CIP）数据

谁偷走了我的时间：高效时间管理手册／若涵著.
—北京：中国纺织出版社，2019.5
ISBN 978-7-5180-5921-8

Ⅰ.①谁… Ⅱ.①若… Ⅲ.①时间—管理—手册
Ⅳ.①C935-62

中国版本图书馆CIP数据核字（2019）第020335号

策划编辑：郝珊珊　　责任印制：储志伟

中国纺织出版社出版发行
地址：北京市朝阳区百子湾东里A407号楼　邮政编码：100124
销售电话：010—67004422　传真：010—87155801
http：//www.c-textilep.com
E-mail：faxing@c-textilep.com
中国纺织出版社天猫旗舰店
官方微博http：//weibo.com/2119887771
三河市延风印装有限公司印刷　各地新华书店经销
2019年5月第1版第1次印刷
开本：710×1000　1/16　印张：13
字数：114千字　定价：42.80元

前言

假设我们能健康平安地活到80岁，那么，这辈子大概拥有70万个小时。假如工作40年，工作的时间大概是35万个小时，也就是1.5万天。刨去睡觉、休息的时间，还剩下多少生命？大概也就是2万个小时。

这是每个人仅有一次的生命，是极其有限的时间，你决定如何利用呢？回首已逝的岁月，你是否把时间用在了真正重要的、最有价值的事情上了？你内心是否留有遗憾和不甘？此时此刻的你，是陷在碌碌无为、迷茫不知所措的处境中，无奈地追问着时间都去哪儿了？还是能够问心无愧地面对所有，只因自己没有虚度光阴，正朝着理想中的方向前行？

没有人刻意去浪费生命，可是太多人都在无意识地挥霍有限的时光，就如哲学大师亚里士多德说言：“我们周围自然界中最不了解的事物、最不清楚的事物就是时间，因为谁也不知道什么叫做时间和怎样控制时间。”

现实就是如此，我们总是听到或看到“时间管理”的字眼，却很少有人真正理解它的深意。时间管理，管理的对象就是时间吗？这不过是一个表面的认知罢了。

时间管理的实质，是自我管理和生活管理、生命管理。透过时间管理，我们要让生命告别混沌和迷茫，处于自知的状态，能够认知自我、了解自我，明确目标，知道生命中什么东西是最重要的，并把精力和心智专注在最有价值的事情上。

管理时间就是管理生命，管理生命就是找寻身心的平衡、和谐的过程，就是寻找自我的过程。那些忙碌、拼命、奔波、疲累，虽是因劳动付出所致，却不能等同于意义和价值。管理生命，不是一味地去追逐，而是让自己的存在更有价值和意义；管理时间的目的，不是为了让自己做更多的事，而是让自己在创造价值的同时，有闲暇去享受生活。

仅以这本小书，赠予热爱生活、热爱生命的你。愿你能够从中找到自己所需的东西，重新梳理时间和生命，让未来的每一天都不辜负自己。

若涵

目录

wish

01月

时间管理的价值

我们拥有的时间不少，

没有充分利用的时间太多

有多少没时间，是真的没有时间

永远都觉得自己没有时间的人，做的事其实最少。

——德国物理学家、作家 克里斯托夫·利希滕贝格

“嗨，你的公众号好久都没有更新了，出什么事了吗？”

“太忙了，没时间写。”

“那你最近都在忙什么呢？”

“没什么，瞎忙……”

这样的生活场景，你是否会觉得似曾相识？被人问及某件拖延已久的事情时，总会用“没时间”充当理由，听起来好像有道理，却禁不起细问，独自沉思后也会发觉，好像并没有忙出什么名堂。日子按部就班地过着，时间一分一秒地流逝，该玩游戏还玩游戏，该刷微博还刷微博，周末成了睡懒觉、追剧、逛街的固定日。没时间学习、没时间读书、没时间写作、没时间旅行，可也说不出自己到底做了哪些有价值的事。

这就是没时间的原因——你忘记了给自己安排时间去做那些真正重要的事情。

BoBo是典型的穷忙族，每天早出晚归，在办公室待的时间超过10小时。

她自认已经很努力了，但升职加薪的事儿却总是与她擦身而过，她有时会想："是不是老板对我的表现不满？我都这么勤奋了，连自己的私人时间都奉献给公司了，还要我怎么做？"

别说，老板对BoBo确实有点儿不满，可绝不是空穴来风，更不是故意刁难，而是看似很勤奋的BoBo，工作效率实在令人头大。交代她一项任务，难度不大，可交上去的东西却总是漏洞百出。看在BoBo是新人的分上，老板也就答应再给三个月的学习时间，让BoBo尽快提升工作能力，不然的话，就得咽下被辞退的果子。

迫在眉睫的BoBo，不得不重新审视自己的工作态度和工作方法。她回想入职以来的这段时间，虽然自己每天坐班的时间很长，但真正用在工作上的时间也就有一半而已，剩余的那些时间，全都花在了网络聊天、浏览无关痛痒的网页、打私人电话上了。

时间是留在了办公室里，可精力却没有全放在工作上，这才是导致私人时间被大量占用，却无法实现高效优质业绩的原因。时间不等于精力，没把精力用在对的地方，再多的时间都是落花流水。

Z是从三线城市的农村考入北京的，靠自己的努力走出了那片荒凉的土地。他希望自己能够在城市里扎根，也向往着有朝一日能够成为影视中成功人士的样子：一手拎着公文包，一手接打电话，匆忙地穿梭在人群中。深受这种氛围的影响，Z每次接到同学邀约的电话，都会声称"没时间"，甚至连探亲的计划也被"没时间"一拖再拖。

在Z看来，似乎只有这样，才能被称之为成功。可残酷的事实告诉Z，几年的时间打拼下来，他依旧是公司里一名普通的业务员，只有一年评选上了优秀员工。他从未意识到：成功对每个人来说都有不同的衡量标准，没时间绝非成功的必备属性。

总是“没时间”的人，在工作方面还有一个习惯，就是先把那些简单的、好做的事情做了，在接下来的几个小时里，不得不去应付那些让自己头疼的、不喜欢的、不愿意做的事情。可想而知，沉浸在这种痛苦的状态中，效率肯定不会太高，看似是没闲着，其实多半时间都是在跟情绪作对，到最后还要加班加点，搞得自己“没时间”。

当你觉得自己总是“没时间”去做一些有意义的事情时，或总以“没时间”来回绝他人、催眠自己时，你不妨静下心来，认真地思考一下：到底是哪些事情浪费掉了你有限的时间？

· 缺乏做事的计划和方向，经常处于迷茫和盲目的状态中。

· 行动力太差，没有毅力和决心去完成计划。

· 兴趣过于广泛，承诺太多。

· 无法从容安排事情的先后次序。

· 面对突发事件时不知所措，没有预案。

· 优柔寡断，对事情和自我缺乏足够的信心。

· 坚持要万事俱备才开始做事，在等待中浪费大量时间。

· 试图在短时间内完成过多的事情。

· 不懂得委派，把自己困在琐事当中。

· 社交过多，沉迷于大量的无效社交中。

· 不懂得拒绝，或是无意拒绝他人的打扰。

· 做事过于急躁，忽略重要的细节。

在上述列举的这些情形中，你可以尝试着找出导致自己总是“没时间”的原因，审视问题所在。有一点你必须清楚，如果你不能够正视自己在“没时间”中浪费着有限精力的事实，你会长期陷入“没时间”的窘境中，这样的状态会让你逐渐堕入平庸的沼泽。

不是时间不够用，是会用的人太少

我们拥有的时间并不多，但没有充分利用的时间却太多。

——古罗马哲学家 西加尼

人对于时间的概念，比任何一种动物都更加深刻。然而，人也是贪婪的，总希望时间能够按照自己的意愿出现。除了陷于等待的处境中时，人都渴望时间能更多一点，可越是带着这种迫切的愿望，越会感到时间的紧迫和短缺。

你在生活中经常会有时间危机感吗？如果你不知道怎么回答，不妨看看下列的这些情形，是否符合你的常态？

· 经常会坐立不安，觉得有一大堆的事情还没有做完。

· 担心自己的时间不够用，害怕无法顺利完成工任务。

· 在工作后如释重负，紧绷的神经会放松下来。

· 虽然事先做了规划，可还是会发现时间不太够用。

· 总是被一些乱七八糟的事情打断，工作时断时续。

· 经常忙忙碌碌一整天，却不知道究竟忙了些什么。

· 有一堆事情摆在眼前，不晓得该从哪件事着手。

·耳边总是被人催促“还没有做完吗”。

如果上述的这些情形中，有四五项都符合你的现状，那很有必要提醒你，你很可能在时间规划方面出了问题，或者说你已经遭遇了时间短缺的危机。在这样的状态下，你经常会觉得自己被事情牵着走；明明没有偷懒，可工作还是越来越多、越做越乱；紧赶慢赶，做事的效率还是比别人慢半拍，甚至慢几拍……总而言之，生活和工作总是麻烦不断。

到一家公司入职之前，我们会问清楚工作的时间，你可能会被告知朝九晚五，一天工作8小时。看似是工作8小时，但实际上能够利用的时间，真的有8小时吗？假如我们一生工作40年的时间，那么具体的工作时间到底有多少呢？

为此，有人特意算了一笔账：每天睡觉8小时，40年将花费13.3年的时间；一日三餐花费2.5小时，40年将花费4.2年的时间；每天交通要花费1.5小时，40年将花费2.5年；每天电话花费1小时，40年将花费1.7年；每天看电视、上网花费3小时，40年将花费5年；每天看报、聊天花费3小时，40年也将花费5年时间；洗脸、洗澡、刷牙等每天花费1小时，40年要花费1.7年；休假、身体不适、情绪不佳等，40年要花费3.3年。

最终的结果，可能会让你感到震惊：多数人在40年的时间里，工作时间只有3.3年！这说明什么呢？我们只有3.3年的时间去创造人生的价值，这对于任何人而言都是一个不小的压力，更何况有些人的工作时间比这个预算的时间还要短。

有人可能会说：“你看，时间如此有限，不够用也是很正常嘛！”可有一个事实我们不能忽略：在同样有限的时间里，为什么有人能够创造出巨大的价值，有人却碌碌无为空叹时光如流水呢？时间是一样的，没有偏颇任何人，为什么结果会大相径庭？

真正的问题不在于时间有限，而在于是否把有限的时间用对了地方，用到了极致。所有感叹时间紧迫和短缺的人，最应当思考的是——你把时间丢在哪儿了？

X是办公室里的热心肠，谁有事情都找他帮忙，为了搞好人际关系，他也不好意思推脱。每个人的时间都是固定的，想办法帮别人解决问题，必然会影响自己的时间安排，结果可想而知，X经常要加班加点，不然很难完成自己的工作任务。他的时间，全丢在不懂拒绝上了。

F属于经常忘事的人，也很少用备忘录，做事也没有次序之分。他在工作上经常出现这样的状况：正在做一件很要紧的事，突然想起，还有另外的一件事需要处理，且那件事的deadline很快就到了，不得不半路放弃手头上的事。等到再拾起做到一半的那件事时，还要重新整理思路，无端地浪费了不少时间。

V平时特别爱抱怨，整天嚷嚷时间不够用，可在外人看来，他是最“闲”的人。上班时间经常开小差，面带笑意地聊着微信，秒杀购物……明明有充足的时间去应对工作，可每次都把自己弄得火烧眉毛；明明可以一次就把工作做完，他偏要留到第二天、第三天，让简单的问题变得复杂，可谓典型的“拖拉机”。

Y做事很认真，责任心也很强，这本是他的优点，可问题是他走了极端。不管什么工作，他都往自己的肩膀上扛，也不考虑自己能不能承受。理性的人都知道，时间是有限的，就算亲力亲为也不可能解决所有的问题。Y就吃了这个亏，本想做得多一点，结果却让工作变成了一团乱麻。

看到这里，你还会轻易相信是“时间不够用”导致的平庸吗？出问题的从来不是时间，而是人的思想和行为。若能改变做事的方法，保持良好的状态，在多数时候，时间还是很充裕的。拿出主动的姿态，把时间合理地控制在自己手里，时间是不会背叛你的。

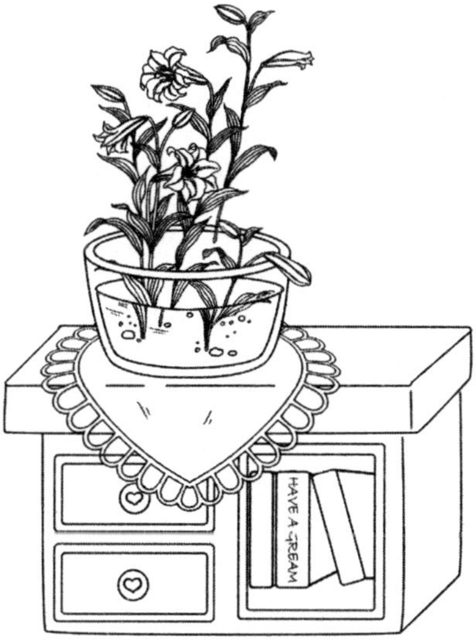

有些忙碌是消耗，有些忙碌是创造

想要成名，就不能过于刻意。

——亨利·福特

Lucy已经有很长一段时间没有休息过了，每天都处在一种极度忙碌的状态中，连晚上给孩子讲睡前故事的任务都交给了丈夫，更别说节假日跟家人、孩子出游了，朋友三番五次地约她聚一下，也都被回绝了，她现在的口头禅就一句话："不行啊，现在太忙了。"

终于有一天，朋友关切地询问Lucy："真有那么多干不完的工作吗？这样的工作强度是不是太大了？"她担心Lucy的身体吃不消。这时，Lucy摆出这样那样的一堆事情，告知这些都是需要她完成的工作。

听了Lucy的解释，朋友突然意识到，真正的问题不是Lucy有太多工作要做，而是她对时间的利用出了问题。Lucy只是公司的一个普通职员，没有多少必须去做的重要工作，可她却忙得焦头烂额。显然，一切都只是她自己在"瞎折腾"。

朋友帮Lucy分析了一下她的真实现状：近一周的工作任务不多；手头做的很多事情，完全是可做可不做的，有一些并不在她的职责范围内。说来说去，Lucy不过是在用忙碌的方式找寻自己的存在感和价值感。

像Lucy这样的情况并不是个案，许多人终日像疾风一样，从这个地方奔波到那个地方，什么事情都要做，在一件事情和另一家事情的空当休息期间，也要去处理点儿问题。似乎，什么事情都是他的急事，可到头来，所有的事情都没做完，就像陀螺一样，费劲地转了半天却还停留在原地。更可惜的是，把大部分的精力体力都消耗掉了，没时间去陪伴家人，没时间照料自己，生活和工作哪一样也没得到想要的结果。

这样的忙碌，不是在创造价值，只是在消耗自己。这样的状况是很可悲的，努力让自己看起来像个重要的人物一样，不过是为了遮蔽自己在能力方面的不足，或是掩盖工作的失误而已。工作和生活看起来一团糟，很有可能是我们没有掌握如何在短时间内解决问题的方法，或者说没有找到一种简单有效的工作方式，不具备掌握合理安排工作时间的能力。

有没有意识到一个事实？当我们觉得越来越忙、越来越累时，实际的工作并没有增加，使我们陷入到了困顿之中，在不断给自己施加压力、制造麻烦。忙碌的假象，有时就是我们自编自导自演的一出戏剧。当你发现每天有开不完的会、打不完、接不完的电话、有一大堆繁琐的事务要处理时，你需要按下暂停键，静下来做一番细致的分析：

· 真正要我做的工作都有哪些？

· 是否要独自扛起这些任务？

· 是否需要在短时间内完成大量的工作？

· 这些工作的难易程度如何，是否在制造麻烦、消耗我的精力和体力？

· 这些工作是否有价值，值得我花费那么多时间去做吗？

· 处理这些工作的时间成本有多少？

· 我是否找到了正确的工作方式？

· 工作过程中有没有人为地制造麻烦？

做过这样的分析之后，你的头脑会清晰很多，也会发现自己所做的那些工作并不都是难啃的硬石头，有些是很简单的，有些是可以不做的，有些只是人为地制造了麻烦而已。认清现状后，只要认真去做，完全能够在在工作时间内将问题解决掉，甚至还有盈余的时间，根本不必加班。真正要应付的重要工作并不多，真正难解决的问题也不多，真正属于自己职责范围内的工作同样不多。

不要掉进错误的思维怪圈中，错把数量当质量，错把加班当努力，真正有意义的是工作的质量和效率。只有在把工作做好的基础上，数量才有意义。别让自己的忙碌成为一种无谓的消耗，要让忙碌创造出价值，追求高效率的工作，享受高质量的生活，这才是奋斗的意义和乐趣。

时间的价值，来自合理有效的管理

如果不对时间进行管理，那么任何管理都没有必要了。

——彼得·德鲁克

假如有一堆的事务性工作摆在眼前，你预感时间不够用了，这时你会怎么办？

或许，大多数人给出的答案都是这两个字——加班！

曾有人对全球500强企业的1万多名员工进行过调查，发现在每周40小时、每天8小时的标准工作时间内，员工们每天真正的工作时间还不足6小时，大约有2.09个小时是在做与工作无关的事情。于是，有人提出建议：平时多加班2小时！

加班，真的能解决问题吗？

从表面上看，增加工作的时间确实能够提高产出、提升完成任务的概率，但实际的情况却告诉我们，这不过是人为的假想。且不说这浪费掉的2.09个小时无法挽回，就算是加班，也未必能扭转不良的状况。

亚洲多数公司每天的工作时长都超过8小时，一些加工厂和代工厂的工作时间甚至超过12小时。可惜，高强度的工作并没有带来更高的效益。研究发现：当一个人的工作时间超过8小时后，其工作效能会呈现递减的趋势，所以说，加班不是万能药，工作时间太长不是什么好事，还有可能会导致投入与产出失衡的局面。

日本向来以加班文化为荣，企业希望员工能够增加工作时间，结果却发现，员工在加班过程中产生了强烈的负面情绪，他们会出现体力下降、注意力不集中、情绪烦躁等问题，甚至会产生职业倦怠感。日本有不少上班族都因长期加班而出现心理问题，继而引发抑郁症，甚至出现过劳死和自杀的现象。

所以说，单纯地延长工作时间，并不能解决实质的问题。真正明智的做法，是注重工作方法和时间管理，让员工合理规划好自己的工作时间，在有限的工作时间内高效工作，创造出更大的业绩。

时间管理的要点，不在于时间的多少，而在于如何管理。时间管理最终的目的是，提高时间的利用率，提高工作的效率和效能，确保在单位时间内的产出达到更高的水平，且具备更高的质量。然而，许多人面临的现状是：上班8小时，睡觉8小时，这些都是固定的时间，可剩余的8小时，却不知道哪儿去了？试图去利用这些时间的时候，才发觉时间已经不知不觉地消失了，这是导致生活一团糟的主要原因。

一天24小时，这是不会变的，倘若把每天的工作时间进行切割，就会惊讶地发现：闲聊、浏览网页、玩手机等行为，浪费了我们大量的时间。事实上，许多人都没有学会如何利用时间，浪费导致了低效率和低效能，如果工作方式不改变，让时间经常处于失控和十分随意的状态，就算每天都加班熬夜，效率也可能抵不上那些高效工作5~6个小时的人。

这就告诉我们：想提升时间的利用价值，就要提升自己的时间管理能力。时间只有经过合理有效的管理，才会变得更有价值，否则就很容易被浪费，或是在无所事事中被消耗。

时间的管理价值体现在两个方面，一是减少时间的浪费，二是提高效率和效能。

时间管理者不会去做一些没价值的事，也不会把时间用在工作以外的事情上，更不会在工作之前故意拖延。他们无须把时间安排得很满，却依然能够每天创造价值，做有意义的事。与此同时，时间管理者也可能每天工作8小时，但他能够最大限度地利用这段时间，创造出比别人更多的价值。

时间就像一根橡皮筋，想让它变短很容易，不管不顾就行了。可要让它变长，却需要一生的努力。不去拉它，你能安逸一阵子，却要痛苦大半生；去拉它，虽然有点辛苦，却能获得更多的可能。何为不朽者？就是通过做更多有价值的事情，让人生充实，使生命得到延长。

真正的时间管理，跟你想得不一样

> 时间最不偏私，给任何人都是二十四小时;时间也最偏私，给任何人都不是二十四小时。
>
> ——赫胥黎

时间管理，可谓一个老生常谈的话题，很多人都听说过，也试图提升这方面的能力。毕竟，人人都渴望充分地利用时间，能够有钱赚、有闲享。不过，对于时间管理的深意，真正理解的人并不多，甚至许多人一不小心就掉进了时间管理的误区。

Ella认为，时间管理就是管理时间，她所做的努力就是，把每一阶段的时间都用好。她会尽量早起半小时，留出在家吃早饭的时间；白天工作期间，她尽量不开小差，争取少加班；晚上回到家，她也会坚持看书，给自己充电1小时。

在外人看来，Ella简直是一个自律达人，分秒都不浪费，对自己要求甚是严格。其实，在这样做的过程中，Ella并不快乐，有时还很痛苦，就像强弩着自己去做这些事一样。如果放弃这种做法，许多时间可能就会被浪费掉，因此她也说不清楚，究竟是哪儿出了问题？

时间管理就是简单地管理时间吗？Ella的问题就出在这里，她对时间管理的认知出现了偏差。知名管理大师乔丹·科恩在《把时间放在重要的工作上》明确指出："时间管理的实质是工作效率，其中的差别好比节食和保持健康之间的关系。你想怎么节食都行，但节食不一定会让你更健康。"对Ella而言，她在意的是如何花费时间，却没有因此变得高效。

Sherry是个善于学习的年轻女孩，从入职开始，她就留意身边人的工作方法，试图能够汲取一些精华。她发现，小组里的某前辈坚持每天早起锻炼，说这样能让他在上班的第一个小时有效地集中精力，且可以节省下班后去锻炼的时间，能多点时间陪伴家人。

Sherry如获至宝，也开始效仿这种方式。可才尝试了两天，她就坚持不下去了。早起运动之后，她就感到特别困倦，坐在办公室里就打瞌睡，像是没睡醒一样。她不知道是这种方式本身的问题，还是自己不太适应，反正只试了两天，就放弃了。

时间管理，不是找到正确的理论体系或方法就行了。有人上班的第一个小时最能集中精力，但不是所有人都如此。有些方法，可能在某些特定的情境下根本无法发挥作用。在时间管理这件事上，需要我们不断地尝试多种方法，要有耐心，也要设定指标去检验，还可以考虑让别人参与检验。

Simon总觉得时间紧迫，他认为自己有必要学习一下时间管理了。这件事很早就被他提上了日程，却迟迟没有付诸行动。问及原因，他是这样说的："我想抽出两天的时间，去实践有关时间管理的全套方法，就两天时间，可现实不允许，只能等机会。"

我们真的需要投入时间来促成改变吗？时间管理领域的专家阿玛贝尔认

为不必如此，她说："小小的改变，也能带来很大的不同。最好的方法，就是从一些小事做起。即便多出来的时间只有20~30分钟，也是实实在在的进步。"

Peter刚荣升为部门经理，照理说这是好事，可他却一脑门子官司。他说："公司上上下下都看着我，期待我能带领员工做出好业绩，至于时间管理、工作效率，都是自己的事情，跟别人无关，我一直努力想把这件分内事做好，但有时真的力不从心。"

就Peter遇到的问题，阿玛贝尔曾说："如果你的工作压力很大，每天必须要对一切要求迅速反应或转变，不能有丝毫的松懈，那你很难单凭一己之力实现时间管理。"想要解决实质的问题，Peter需要与高层领导进行沟通，比如重新设计工作完成的方式，重新考虑决策在哪些层级拟定、如何拟定等。

看了这里，你可能已经意识到，时间管理并不单纯是管理时间，它牵扯到一系列的问题，甚至还牵扯到人际沟通、授权协作等。也许，你之前并不是一个很好的时间管理者，经常把事情弄得一团糟，每天忙忙碌碌却收获甚微。没关系，从现在开始改变依然来得及，你可以在未来的日子里，让时间变得更有价值，让生活变得更美好。

02月

明确目标的作用

不要等爬到了梯子的顶端，

才发现梯子靠错了墙

没有目标的努力，终究只是徒劳

所有成功人士都有目标。如果一个人不知道他想去哪里，不知道他想成为什么样的人、想做什么样的事，他就不会成功。

——诺曼·文森特·皮尔

“我自诩还算努力，可为什么每每到了年底，却觉得自己这一年收获甚少呢？”

“许多事情明明认真去做了，结果却不是自己想要的呢？”

“……”

你有过类似的困惑吗？为什么努力了半天，时间似乎都没有创造出相应的价值？也许，问题不是出在态度上，而是出在方向上。法国作家哈伯特说：“对一只盲目航行的船来说，所有的风向都是逆风。”这句话的深意，说的就是目标的重要性。

比塞尔是撒哈拉沙漠里的一颗明珠，每年都有数以万计的游客到此参观游览。然而，在肯·莱文发现它之前，这里不过就是一个闭锁落后的地方。居住在这片大漠里的人，从来没有离开过这片贫瘠的土地，不是他们不想，而是他们尝试多次都以失败告终，习得性无助让他们选择了放弃。

当地的人告诉肯·莱文，无论朝哪个方向走，最后还是会回到原来的地方。肯·莱文不相信，便亲自做了一次试验，从比塞尔村向北走，结果，只用了三天半就走了出来。

同样的一片荒漠，为什么肯·莱文能走出去，比塞尔人却走不出去呢？对此，肯·莱文也有点不解。最后，他雇佣了一个比塞尔人，让他带路，看看究竟发生了什么？他们带了半个月用量的水，牵了两头骆驼，肯·莱文带着指南针等现代设备，拄着一根拐杖跟在后面。

在第11天的早晨，他们果然又回到了比塞尔村。肯·莱文终于明白了，为什么比塞尔人走不出大漠？因为，他们根本不认识北斗星！在一望无际的沙漠里，只凭借感觉往前走，会走出许多大小不一的源泉，最后的足迹多半都是一把卷尺的形状。比塞尔村处在沙漠的中间，方圆上千公里没有一个参照物，如果没有指南针，又不认识北斗星，确实很难走出沙漠。

在离开比塞尔时，肯·莱文告诉一位叫阿古特尔的青年，也就是那个跟他合作走沙漠的人：只要你白天休息，晚上朝着北边的那颗星星走，你就能走出沙漠。阿古特尔按照肯·莱文的说法去做，三天之后，果然走到了沙漠的边缘。自此，阿古特尔就成了比塞尔的开拓者，他的铜像被竖立在小城的中央，铜像的底座上刻着一行字：新生活从选定方向开始。

拿破仑曾说，没有目标不可能发生任何事，也不可能采取任何步骤。你可能很努力，但你不知道这份努力要达到一个什么样的程度，实现一个什么样的结果？有目标，才能看清使命，抓住重点，把握现在，让重点从过程转到结果。目标的设立，是时间管理和获得成功的前提。没有目标的人，很容易把精力放在小事上，而让人忘记本应该做的事。

1953年，美国耶鲁大学对毕业的学生进行过一次有关人生目标的研究调查。起初，研究人员向参与的学生问了一个问题：你有人生目标吗？当时，只有10%的学生确认他们有目标。而后，研究人员又问了第二个问题："如果你目标，你是否有把自己的目标写下来呢？"这次，只有3%的学生给出肯定的回答。

20年后，耶鲁大学的研究人员在世界各地追访当年参与调查的学生。结果发现，当年那些把人生目标写下来的人，不管是事业还是生活，都远超过那些没有这样做的同龄人。这3%的人所拥有的财富，竟然超过那剩余97%的人的总和。

有目标的人，更懂得如何掌控时间。这就像海上航行的船，有目标才会直接朝着彼岸进发，规划前行的路线，为应对艰难的阻碍提前做好准备，不至于中途退出，或是原地打转。如果你不想把宝贵的时间浪费在一些没用的事情上，不愿让你的努力徒劳无功，从现在开始，为自己设定一个目标吧！它能让你少走弯路，免于在盲目、迟疑和错误中迷失自己。

SMART法则：模糊不清的目标没意义

要有生活目标，一辈子的目标，一段时期的目标，一个阶段的目标，一年的目标，一个月的目标，一个星期的目标，一天的目标，一个小时的目标，一分钟的目标。

——托尔斯泰

“你有目标吗？”

“有啊，还不止一个呢！”

“能具体说说吗？”

“我想减肥、想学跳舞、想考托福、想赚很多钱、想带父母去旅行……”

“你说的这些，听起来更像是心愿，还算不上是目标。”

“心里的愿景，不就是目标吗？”

“……真不是一回事。”

在提到目标的时候，许多人都会犯这一问题，把内心想达成的某一心愿，当成是现实中的目标，结果往往是，目标依然是目标，日子依然按部就班，到最后还只停留在原地，呆呆地望着那个目标，把它搁置到下一年，成为来年的心愿。

“我想减肥”“我想学英语”“我想赚很多钱”……这些目标太过笼统

和模糊，减肥的标准是什么？准备减到多少斤？用多长时间来实现？用什么方法来实现？学习英语要达到什么样的程度，是八级水平，还是日常交流无障碍？亦或者是用英语来进行商务谈判？要赚很多钱，到底是多少钱？有没有具体的标准和时间期限？现在的自身条件能否实现？如若不能，还需要进行哪些方面的提升？提升的方法和途径有哪些？

瞧，目标真不是一句简单的“我想……”，想和实现之间，还隔着一段长长的距离。如果你玩过拼图游戏，就会知道，目标犹如印在盒子上的完成图，拼图就像实现目标所必须的步骤和组成因素。如果没有清晰的图示，你如何用手中的素材去完成一幅美丽的蓝图？

前美国财务顾问协会的总裁刘易斯·沃克在一次访谈中被问道：“究竟是什么因素让人无法成功？”沃克说：“模糊不清的目标。”记者请沃克进一步解释，他说：“我在几分钟前就问你，你的目标是什么？你说希望有一天，能够拥有山上的一栋小房子，这就是一个模糊不清的目标。问题在于‘有一天’不够明确，因为不够明确，成功的概率就不大。”

“如果你真的希望在山上买一栋小房子，你必须先找到那座山，计算出小房子的价格，并考虑通货膨胀，计算出这房子五年后值多少钱？接下来，你要做决定，为了达成这个目标每个月需要存多少钱？如果你真的这样做了，你可能在不久的将来就会拥有山上的一栋小房宇。可如果你只是说说，梦想就难以实现。梦想是愉快的，但如果目标模糊，没有配合实际行动的梦想，那就只是妄想。”

如果你只是对自己说，我想做什么，而不清楚究竟要做什么，该如何去做，那这种“想”永远都只是“想”，不会成为现实。那么，何谓明确的目标呢？在这里，我们需要引入一个目标体系的SMART原则。

· S(specific)：明确性，不能笼统和抽象

明确性，就是要用具体的语言清楚地说明要达成的行为标准。

举例来说，增强客户意识，这一目标就比较模糊，因为它包含的内容太多了，客户投诉率、服务速度、使用规范礼貌用语、采用规范化流程，都属于客户意识的一部分。照此说来，增强客户意识，到底指的是哪一方面呢？不明确就没有办法去评判和衡量。

在设定目标时，可将其修正为：三个月将客户投诉率降低1.5%；或一个月内将前台收银速度提升至两分钟以内，这样的目标就比较明确和具体了。

· M（measurable）：衡量性，即需要数量化

衡量性，就是目标必须明确，要有一组明确的数据，作为衡量是否达标的依据。

举例来说，“为老员工安排进一步的管理培训”，这个“进一步”，就是不明确的，也不容易衡量。到底安排什么呢？如何衡量培训结果的好坏？

在对这一目标进行修订时，可将其改为：在XX时间完成对所有老员工关于XX主题的培训，且在课程结束后，学员评分在85分以上为期待的效果，评分在85分以下为效果不理想。这样一来，目标就变得可衡量了。

· A（attainable）：可实现性，只付出努力可实现，目标不可过高或过低，要适度

可实现性，就是通过现有的时间规划和执行力，确保可以实现的目标。

如果你让一个只有初中英语水平的人，在一年内达到托福的水平，这个就不太现实。这样的目标是没有意义的，如果你让他一年内学会基本的日常口语交流，这个目标是有可能实现的，能够踮起脚尖够得着的果子，才有意义和动力。

·R（realistic）：先关性，与其他目标有相关性

相关性，就是实现此目标与其他目标的关联情况。如果实现了这个目标，但与其他的目标全都不相关，或者相关度很低，那么这个目标就算实现了，也没多大意义。

这一点对设定工作目标很重要，你的目标必须要跟岗位职责相关。比如，你是一个前台，提升英语水平直接关系着你的服务质量，这一目标就跟你提升工作水准的目标相关联。如果你去学习程序设计，那就跑题了，除非你有意转行去从事这样的工作，否则这个目标跟你提升工作水准的目标相关性很低。

·T(time bound)：时限性，即完成目标的时间期限

时限性，就是目标设置要有时间限制，拟定完成目标所需的时间，并定期检查进度，及时掌握进展的变化情况，以便及时作出调整。

你准备减重15斤，这个目标要设定多久完成？可以是半年，也可以是一年。这样的话，心里就很清楚每个月要完成减重多少斤的任务分配？然后，计划好相应的饮食计划和运动计划，每周称量一次体重，月底检验一下是否达标。如果只是告诉自己：我要减重15斤，而没有一个时间限制，那么，很有可能，这15斤脂肪会一直跟随你。

现在，你应该很清楚一个真正的目标该是什么样了吧？想管理好自己的人生，有力地控制自己的人生轨迹，就要明确具体地制订目标，千万不要停留在模糊的梦想状态。

阶段性设置：把大目标设分解成小目标

如果你没有明确的目的地，你很可能走到不想去的地方去。同时，目标过于庞大或者遥远也是无益的，因此成功者都善于将大目标分解为阶段性的小目标。

——罗伯特·梅杰

苹果公司的创始人乔布斯，曾经说过这样一番话：

“人生的种种经历就像一个点滴。你无法在展望未来时串联点滴，你只能在回顾过去时将其升华。所以你要相信，这个点滴片段会在未来以某种方式串联起来。你要相信某种东西——直觉也好，命运也好，生命也罢，或者因缘甚至是其他一切。这种方法从来没有让我失望，在我的生活中，这种意念造就了我的与众不同。”

乍一听，也许会觉得有些许晦涩，但实际上，它谈论的本质就是：一个人在生活和工作中要经常制订短期目标，并将其与中长期目标结合起来。个人所经历的一个个点滴，实则就是一个个短期目标，这些短期目标的不断实现和积累，会慢慢变成中期目标，直至串联成长期目标。

乔布斯的这番话，为我们制订目标提供了思路——阶段性设置。你要知道自己的终极目标是什么，但不能指望一蹴而就，在实现终极目标之前，你需要设置阶段性的目标。说白了，就是要把大目标分解成中期目标和短期目标，甚至具体到每一天该做什么，而不是遥望着那个终极目标，感叹着现状和理想之间的差距是多么遥远。

在一次国际女子马拉松邀请赛上，一位不太起眼的女选手，出人意料地夺得了冠军。当记者问她靠什么取胜时，她说："用智慧战胜对手。"许多人听到这个回答都唏嘘不已，认为她是在故弄玄虚。

三年后，在另一次国际马拉松邀请赛上，这位女选手再次夺冠。记者请她谈论经验时，她还是那句话："用智慧战胜对手。"这一次，没有人再怀疑她的实力，可对她说的这句话，多数人都难以理解。

后来，这位女选手解释说："每次比赛前，我都要乘车把比赛的线路仔细看一遍，并画下沿途比较醒目的标志，比如：第一个标志是银行，第二个标志是红房子……这样一直画到赛程终点。比赛开始后，我奋力朝着第一个目标冲去，完成这个目标后，我再以同样的速度向第二个目标冲去。40多公里的赛程，被我分成了8个小目标，我就这样轻松完成了比赛。"

为什么要把大目标分解成可立即执行的小目标呢？

以马拉松比赛为例，总想着要完成40公里的赛程，会给人带来强大的心理压力。特别是，跑到10公里、20公里时，想到后面还有那么多的路程，疲惫感会加强，总觉得距离目标还太遥远。如果把目标分解成8个小目标，5公里一个目标，完成了一个之后，就能获得一份"成功的感觉"，继而强化自信心，推动着你发挥出潜能去完成下一个目标。待这些小目标都完成后，大目标自然也就实现了。

作家兼战地记者西华·莱德先生，曾经公开撰文表示，他收到过的最好忠告是：继续走完下一里路。在文章中，他这样写道：

“二次世界大战期间，我跟几个人不得不从一架破损的运输机上跳伞逃生，结果降落在缅印交界处的丛林里。当时，我们唯一能做的就是拖着沉重的步伐往印度走，全程140英里左右。那是酷热的8月，环境极其恶劣，暴雨不断，而我们要翻山越岭，长途跋涉，真的是举步维艰。

“才走了一个小时，我的一只长筒靴的鞋钉扎进了另一只脚，傍晚时分，双脚都起了血泡，就像硬币那般大小。我能一瘸一拐地走完140英里吗？别人的情况也没比我好多少，甚至更糟，他们能完成吗？我们很绝望，可又没的选择。为了找个地方休息，我们别无选择，只好硬着头皮走完下一英里路。”

把140英里分解成140个1英里，把自己的行动和目标不断地进行对照，清楚地知道自己的行进速度和目标之间的距离，动机就会得到维持和加强，也能够自觉地克服困难，努力达成目标。任何事情只要分开来看，都不是那么遥不可及的，这就是循序渐进的力量。

许多人为什么会放弃目标？不是因为失败而放弃，而是因为看不到未来，没有确定当下可以完成的小目标，才会在潜意识里不相信自己能够完成，继而选择放弃。所以，千万不要让大目标的长远距离吓倒自己，直线都是由一个个点组成的，一段段小距离缩短了成功的大距离，每完成一个小目标，每往前走一步，都会让你离成功更近一步。

目标分解法：剥洋葱法和多杈树法

向着某一天终要达到的那个终极目标迈步还不够，还要把每一步骤看成目标，使它作为步骤而起作用。

——歌德

在前面一节中，我们谈到了目标分解的意义和价值。那么，到了实际生活中，我们该如何对一个目标进行分解呢？毕竟，不是所有的问题都可以用“把40公里平均分成8个5公里”来处理，这就需要掌握一些必要而实用的方法。

在目标分解的问题上，最常用的两种方法是：剥洋葱法和多杈树法。

·剥洋葱法

剥洋葱法，实际上就等于把目标视为一个完整的洋葱，一层一层地剥下去，把大目标分解成若干个小目标，再把这些小目标分解成更小的目标，直到具体到此时此刻做什么。实现目标的过程，是循序渐进的，从低级到高级，从现在到将来，从小到大。而我们设定目标时，恰好与之相反，要从将来到现在，从大目标到小目标。

把梦想变成现实的第一步，就是要确定你的大目标。然后，把这个目标具体化，使它成为你人生的终极目标。接下来，把这个总体目标分解成为5年到10年的长期目标，然后再进行分解，把每一个长期目标分成若干个2年到3年的中期目标，再把每个中期目标分解为若干个6个月到1年的短期目标。最后，把每一个短期目标分解成月目标、周目标、日目标，甚至分解到此时此刻你该做什么。

每天不拖延、按时地达到目标并不难，这种成功的喜悦，会给你不断地增加动力，让你看到自己在朝着目标靠近。这样下去，你的兴趣会越来越浓，信心越来越足，改掉拖延的成功率也会越来越高。当然更重要的是，你会慢慢找到人生的方向和奋斗的意义。

·多杈树法

多杈树法，可以从字面意思理解，就是一棵大树有若干个分枝，每个分枝上还有更小的树枝，树枝上还会有再小的树枝，一直到叶子。我们的人生目标就如同树干，每一级小的目标就相当于每个树枝，我们现在需要去做的细微之事，就像是树上的叶子。

大目标和小目标之间的关系应当是逐层递进的，每个小目标都是实现大目标的条件，而大目标则是小目标完成的结果。如果所有的小目标都实现了，那么大目标也就实现了。

你不妨写下自己的人生大目标，思考一下：要实现这个目标的条件是什么？然后，把实现目标的必要条件和充分条件地列出来。当这些条件完成时，就是达成该大目标之前首先要达成的小目标。每一个小目标，就是大目标的第一层树杈。

接下来，再思考：要实现这些小目标的条件是什么？接着，再列出达成每一个小目标所需要的必要条件与充分条件。这样就会变成，各处的小目标的第二层树杈。

如此类推，直到画出所有的树叶，就算完成了这个目标的多杈树分解。每个目标最后都可以被描绘成一棵枝繁叶茂的大树。

从叶子到树枝，再到树干，不断地问自己：如果这些小目标都能实现，大目标一定会实现吗？当你能够从容自信地回答“是”的时候，表示这个分解已经完成。如果回答是“不一定”，那就证明所列出的条件还不够充分，需要继续补充。一棵完整的目标多杈树，就是一套完整的达成该目标的行动计划。所以，目标多杈树，也被人称之为“计划多杈树”。

设定期限：任何目标都得有期限

当许多人在一条路上徘徊不前时，他们不得不让开一条大路，让那珍惜时间的人赶到他们前面去。

——苏格拉底

“这辈子你最想做什么？”

“想法太多了，目前最想做的是，有一家属于自己的公司，送父母一辆车。”

“听起来挺不错的，想开一家什么样的公司？有准备了吗？预计几年能实现？”

“中等规模的旅游公司吧！至于期限，我也说不准，反正我会努力的。”

“打算送父母一辆什么车？什么时候送呢？”

“小型轿车就好，估计在我开了公司以后才有条件送吧。”

“噢……”

最后一句“噢”，真的是意味深长。想开公司，却没有设定期限；想送父母汽车，还得有假设的前提条件。听上去是给出了答案，可实际上，似乎等于没说。到底什么时候开办公司呢？三年后，还是五年后？没有时间限制的话，一辈子也可以的。开办公司需要做什么准备？现在已经具备的条件有什么？一切好像都是未知数。

目标与时间密切相关，没有实现的目标仍然只是个梦。有了目标，你就要想方设法缩小自己和它的距离，而时间也是相当紧迫的。不设定期限，目标永远都是“待实现”，都只是一个理论上的状态。

2004年4月，播音公司正式启动代号为“梦想飞机”的波音787客机的研制工作，这个项目从一开始就备受关注。然而，在研制787客机的过程中，波音公司却犯了一个致命的错误，那就是没有设置一个合理的期限，结果导致787客机的研制和生产计划一再拖延。

波音公司与意大利、日本的供应商展开合作时，没有对相关产品的部件研发的时间做好沟通，结果对方在供货时拖延了半年之久。波音公司有苦难言，很后悔没有在时间安排上协调双方步骤。

2008年1月，为了完成飞机总装配，波音公司发出声明，将准备年底交货的飞机推迟到2009年初。到了2008年年底，结果发现零件需要更换，波音公司再次私自更改交货时间，延迟至2010年的第一季度。

此时，购买飞机的客户已经很不耐烦了，他们迫切希望见到成品。经历了一波三折后，所有人都希望2010年能准时见到这架飞机。然而，到了2009年6月，波音公司高管再次更改交货日期，理由是发现该机型的机翼和机身存在一些力学问题。

2010年8月，波音公司在飞行测试中又发现新问题，于是将交货日期顺延到2011年第一季度。可是，直至2011年9月26日，日本航空公司才等到预定的第一架飞机，其他的航空公司早因不耐烦和波音公司的一再拖延，愤怒地退订了787客机的订单，这让波音公司付出了惨重的代价。

波音公司此次问题的主要原因就在于，没有对目标设置一个明确的期限，结果不但工作效率不保，浪费了时间和精力，还给客户留下了负面的印象。企业做事需要设立目标的完成期限，个人亦如是。你知道自己的目标是什么，知道自己需要做什么，在多长时间内完成，这是非常必要的。有了时间期限，才会想办法努力达成，才会有紧迫感，才会真正全心全意地关注自己所面对的问题，将其当成一项重要且必须按时完成的任务去对待。

在给目标设置期限的时候，有一个问题必须引起重视，那就是正确评估达成目标所需的时间，不要将时间设定得太早或太晚。你的期限可以适当提前，但不能太早，否则你会感到巨大的压力，并由于时间太短而难以高质量地完成任务，导致内心受挫，对自己的目标产生怀疑；如果你的期限设置得太晚，会导致执行上的拖延，抑或错过目标实现的最佳时间段，即便完成了目标，也变得毫无价值。

你是自己的主人，你有权利支配自己的时间和生命，你想让自己活得更加精彩，就不要犹豫，从现在开始，拿起手中的笔，把自己的历程记录下来，给自己的目标一个期限，让自己的时间支出有理有据。直到有一天，你发现走过的一点一滴，是如此珍贵，是它们让你越来越坚定，越来越努力，把自己看清，把人生改变。

03月

制订规划的要义

事先做好计划，

控制好时间的节奏

做事有计划，告别手忙脚乱

计划的制订比计划本身更为重要。

——戴尔·麦康基

Jessica是个头脑灵活的创意工作者，她一直认为，做事之前不能给自己太多的限制，那样会影响她的灵感发挥。所以，对于那些生硬的、死板的、条条框框的束缚，她都嗤之以鼻，对她来说，富有创造性的、能迸发灵感的临时性发挥，更令她心仪。

然而，有一个现实不得不承认，虽然Jessica是个有创意的人，可她的优秀作品很少，工作效率也比较低。每次都恨不得等着“灵感”降临，无形中浪费了许多的时间，这个毛病成了她在工作上的软肋，也成了颇令上司头疼的问题。

如果你也有和Jessica一样的习惯，那只能说明，你不太懂得时间管理。

回想一下：小学刚开始学习作文时，老师一定会要求你先列出一个大纲，然后再根据大刚来写文章。这样一来，就知道先写什么、后写什么，从整体上把握这篇文章，并却确保写作时更加顺利，不至于在落笔之后“卡壳”，断了思绪写不下去。

这说明什么呢？做事一定要有计划。计划的意义非同小可，它能给人带来勇气和效率，有了计划，就相当于有了时间，能用自己的手去掌控事情的发展，也能让工作和生活变得井井有条。同时，计划也可以让你明确自己的目标，让目标的实现有据可依，按照计划来执行，能够清楚地看到自己在一点点地靠近目标，增强动力。

有些人从不把计划太当回事，比如YOYO，她就是一个随性的乐天派：“做事之前，我都在脑子里计划过了，只是没有列出清单而已。再说，计划总是赶不上变化，计划制订得太死了，会限制我的行动，脑子里大致想想知道怎么做就行了，何必弄得一板一眼的呢？”

事实果真如此吗？很多时候，我们会高估自己的记忆力，尤其是在面对一大堆乱七八糟的事务时，很有可能就会忘记一些琐碎的小事，而这些小事恰恰又是完成这件事情必不可少的因素。比如，要给客户打个电话，告诉对方应当开具什么类型的发票；工作完成后，要发一封邮件向上司报备；协议处理完后，要及时发送快递；数据处理完后，要及时在表格里进行更新，等等。通常来说，如果事先不制订计划，往往会出现这一系列问题：

· 不清楚工作量的大小。

· 工作经常会拖延。

· 容易遗忘一些必要的小事。

· 缺少长期的愿景规划。

· 总喜欢捡那些轻松的、简单的事情做。

· 很容易中途放弃。

·极少确认进展情况。

·短时间不知道该做什么。

然而，有了一个详细的计划，就可以合理的安排时间，提高做事的效率，少走弯路和不必要的岔路，减少无用功，也不会因为不知道该做什么而犹豫观望。同时，计划也能促进人养成良好的行为习惯。心理学家告诉我们，一种习惯的养成往往需要21天左右。现实中，难免会遇到一些突发状况，导致计划和现实产生矛盾，此时可以调整这一天的计划，但有时也得克服困难，确保计划的实施。

总而言之，向要实现目标，就要学会制订目标，并给目标制订详细的计划。有了这个计划，就相当于有了一个爬向目标的梯子。别吝啬花费一些时间去做计划，要知道，磨刀不误砍柴工。

完整的计划必备的五个要点

> 做出规划。今天所做的事情是为了我们有更好的明天，未来属于那些在今天做出艰难决策的人们。
>
> ——伊顿公司

A和B两个人能力相当，上司安排他们分别去做同一项工作。A想都没想，立刻开始行动，他一直坚信：凡事做了再说！B是个心思缜密的人，他先花费10分钟的时间思考一下具体的工作方案和思路，大致做了一个计划，然后才开始行动。

结果怎么样呢？做事一向风风火火的A，比心思缜密的B晚了半天时间完成工作，且A在工作中的失误比B多20%，工作质量也相差一个档次。

毫无疑问，A和B之间的差距，不在于能力，而在于工作方法，即A忽略了计划的重要性。从时间管理的角度来说，制订计划能够有效地提高工作效率，避免在执行任务的过程中遇到各种阻碍。

说到这里，想必大家都已经认识到了计划的重要性。那么，计划到底是什么呢？

在管理学中，计划有两重含义：其一，计划工作，是指根据对组织外部环境与内部条件的分析，提出在未来一定时期内要达到的组织目标以及实现目标的方案途径；其二，计划形式，是指用文字和指标等形式所表述的组织以及组织内不同部门和不同成员，在未来一定时期内关于行动方向、内容和方式安排的管理事件。

两层不同的含义，决定了计划的侧重点的差异。无论是哪一种计划，对个人的工作都有很强的指导意义。如果想做好时间管理，就要实现制订计划，并按照计划行事。一项完整的计划，必须涵盖以下五个要点：

·要点1：做什么？

这里涉及一个很重要的概念，那就是没必要清晰地展示自己所要的全部事宜，这是不可能的，也是不必要的，明确自己所要做的那些重要工作即可。无论如何，对于任何一想要完成的工作计划，或是在一周或一天内要完成的任务清单，都需要重点突出自己要做什么，这是确保工作计划顺利实施的关键。

·要点2：什么时候做？

时间是计划中的一个重要元素，如果没有明确的时间期限，整个计划都有可能变成一个可以随意变动或拖延的工程。很有可能，执行者会因为难以在时间上进行把握而错失最佳的执行时间。总之，时间是计划得以顺利实施的重要保障，无论是工作开始还是最终结束，都要给出一个明确的时间。

·要点3：谁去做？

任何一项工作计划，都要明确行动的主体。对个人的工作计划来说，当然执行者就是自己，可如果是企业内部的计划，往往就会涉及多个部门、多项内容，这就要求明确划分各部门和每个人的职责范围，做好明确的分工。

说得简单一点，就是要明确：这份工作由谁来做？谁来做更合适？唯有明确每个人的职责，明确每一个环节中具体的执行者和负责人，才能保证计划完整地进行。

·要点4：在哪里做？

每一项计划的实施，都需要有明确的地点，这个地点代表着明确的分工，因为不同的工作有可能要在不同的地点完成。明确项目实施的具体位置，有助于拓展整个计划。

·要点5：怎么做？

这涉及计划具体实施的策略和措施。如何做最省力？如何做花费时间最少？如何做效率最高？如何避免错误？怎样顺利实现目标？怎样确保计划更成功？每一项策略和措施，都是为了确保计划顺利实施而做的准备。

总而言之，一个完整的计划通常都包括上述几个要点，最重要的是，我们所做的一切必须具有预见性和指导性，即计划中的所有事情必须对未来的执行工作起来帮助，能够契合实际地解决相关问题，这样才能保证执行的效率。

列出deadline之前要做的事宜

与时间抗争者面对的是一个刀枪不入的敌手。

——赛·约翰逊

帕金森定律提醒我们：工作的完成会因其所赋予的时间而延长，以至占满整段时间为止。这就是说，你对一项任务赋予的时间越多，工作完成的就越慢。假如某项工作的期限只有三天，那么三天就能完成；如果期限是10天，就要拖到10天之后才完成。这也是为什么，无论是交给他人的任务，还是自己要执行的任务，都必须要有一个明确的期限。

我们在制订计划的时候，通常会采用两种方法：一种是正向思维，从第一步该做什么开始往后推，直至最后的结果，确定每一个阶段的时间和事宜；另一种是逆向思维，也就是数学上经常用到的倒推法，先确定最后期限，再往前倒推每件事情需要的时间，从而制订整个计划。你可能会问：到底哪一种方法更好呢？事实证明，倒推法效果更好，因为这种思维不受限制，天下所有的都可以为我所用。

蒙牛公司成立于1999年，它在2000年的销售收入不足3亿元，然而2001年前三个季度，它的收入就变成了5亿元。令大家意外的是，在2001年制订未来

“五年计划”时，牛根生将2006年的销售目标定为100亿元。

5年时间，从3亿元到100亿元，相当于翻了33倍！每年翻一番的速度，这目标根本不可能实现啊！更大的问题在于，2000年中国乳业的总销售收入才不过200亿元，100亿意味着什么？那就是2000年中国乳业的半壁江山！就算是加上产业增长和行业的扩大，这个目标也是过于庞大和吓人的。这个目标能实现吗？这个计划靠谱吗？

所有人都产生了怀疑，认为牛根生不切实际，太冒进。可是，牛根生的回答却更令人惊讶：我就是胆子小，才订了这么一个指标，如果换成别人的话，那就不是100亿元了，很有可能是200亿元！

尽管难以理解牛根生的设想，可大家还是全心全意地朝着这个目标出发了：盖全球样板工厂、建国际示范牧场、放眼华尔街牵手摩根、开拓香港市场并最终上市……2002年，蒙牛年销售收入达到16.7亿元；2003达到40.7元；2004年达到72.138亿元；2005年达到108亿元；2006年达到162.46亿元！

事实告诉大家，牛根生当年做的计划确实“太胆小”了，他们在2005年就已经达到了当初的计划，回头想想：如果当初还是按照蒙牛现有的资源进行计划，蒙牛还能否在市场上存在，都是一个未知数。

蒙牛的壮大就是源自倒推思维，这一点也值得我们借鉴。在制订计划的时候，不妨考虑用这一方法，给自己的目标定一个最后期限，然后倒推每一个阶段需要完成的事宜，这样既保证了效率，也给自己一定的压力，并在压力之下尽全力把计划执行得更好。

为将来的任务作好日程安排

时间，每天得到的都是二十四小时，可是一天的时间给勤勉的人带来智慧和力量，给懒散的人只留下一片悔恨。

——鲁迅

乔·杰拉德是世界有名的推销大师，他在回忆工作计划的重要性时，曾经这样说道：

“在做推销员不久，我就发现自己的组织能力太差劲了。我打出了2000多个电话，平均每周40个。记录一多，工作就变得杂乱了，我很希望找到一种方法，能让我的工作井井有条，但都失败了。东方有句俗语，说磨刀不误砍柴工。我意识到，要提高工作效率，我应该花足够多的时间去‘磨刀’了。

“我的‘磨刀’工作就是做周计划。我把要打的电话都记录在卡片上，每星期有四五十张，然后根据卡片的内容安排下一次的话题和要写的信件，再排出日程表，列出周一到周五的工作顺序。这将花费我四五个小时的功夫，既枯燥又无聊。刚开始时，我才做了一半就想放弃。坚持一段时间后，我享受到了它带给我的益处，紧跟着就见到了明显的成效。

“自那以后，每个星期一的上午，我都不再急着打电话，而是精神饱满地去会见客户。是的，我必须要见到他们，因为我准备了一周的时间，一直都在琢磨要跟他们说什么，要为他们提供哪些好的建议。由于准备得很充分，状态也很好，我对会谈充满信心，且相信下一周会做得更好。”

在对未来准备充分的情况下，事情的进展会顺利很多。许多人之所以效率低，在做事过程中浪费了大量不必要的时间，就是因为没有养成先思考后行动的习惯，要么完全按照别人说的做，要么做到哪儿算哪儿。

在成功实现目标的人群中，我们发现了一个事实：提前制订计划的人，成功率高达78%；没有提前制订计划的人，成功率只有22%。对于即将要做的事情，如果你没有一个很好的安排，整个工作状态都将是混乱的。

所以，在这一周结束时，你应当做好下一周的计划；或是依据本月的情况做好下个月的计划，这是一种目标，也是一种激励。安排好事情之后，你才不会让其他的事情与之发生时间上的冲突。

许多人可能不太会制订日程表，这里有一个简单的计划表的模板，你不妨作为参考：

时间	工作事宜	紧急事项	备忘录
9:00—11:00			
11:00—14:00			
14:00—16:00			
16:00—18:00			

知道每个时间段该做什么，就不会茫然，也不会被繁琐的事务缠绕，忘了真正重要的事。从现在开始，为你的工作制订一份日程安排吧！它会带给你超乎想象的价值。

给计划留点应对突变的余地

> 人们常觉得准备的阶段是在浪费时间，只有当真正机会来临，而自己没有能力把握的时候，才能觉悟自己平时没有准备才是浪费了时间。
>
> ——罗曼·罗兰

斯宾塞·约翰逊曾说：“再完美的计划，也经常遭遇不测。生活并不是笔直通畅的走廊，让我们轻松自在地在其中旅行，生活是一座迷宫，我们必须从中找到自己的出路，我们时常会陷入迷茫，在死胡同中搜寻。”

相信每个人在生活中都遇到过这样的情况，开展一项工作之前，把计划做得几近完美，想象着那最终的结果，内心就能荡起美妙的涟漪。然而，当真正去执行计划时，却被现实冷不防地甩了一巴掌。明明刚进入状态，准备大干一场，没想到突然空降了一些干扰事件，不想中断计划，可又不能把麻烦搁置不管，内心除了郁闷还是郁闷。毕竟，放下一件事之后，再重新进入状态，找到那股心流，并不是一件容易的事。

如果你经常碰到类似的状况，别光顾着指责“世事难料”，你真正要留意的是，你的计划表可能缺乏灵活性。我们吃东西的时候，不小心多吃了一些，通常都不会有什么问题，因为胃是有弹性的。计划表也一样，如果过于死板，缺乏灵活性，那么稍有一些外来的变化，就会导致整个计划都被打乱。

为了确保计划能够应付得了变化，在制订计划时，应当量力而行，留一点余地。有的人习惯推迟决策时间，认为这样可以确保计划的灵活性，但这无形中会浪费许多宝贵的时间。说到底，不存在“万事俱备”的时刻，未来的不确定性是很难完全预料的，如果一味地等待收集更多的信息，当断不断，很可能会坐失良机。

惠普公司的前任总裁格拉特习惯把自己的时间划分得清清楚楚，他花费20%的时间与顾客沟通，花费35%的时间参与会议，花费10%的时间接打电话，花费5%的时间看工作文件，花费15%的时间处理与公司无直接或间接关系却有利于公司发展的事情上，如准备业界共同开发的技术专案等。不过，他每天都会留出一些空白的时间，来处理突发事件，如接受新闻媒体的采访。

这样的安排就很合理，毕竟突发事件难以避免，我们需要有足够的心理和弹性去应对它。有了这预留出的时间，反而不会浪费更多的时间。有道是月满则亏，那些喜欢把事情安排得满满的人，要么根本不去理会突发事件，要么遇到必须得处理的事情时疲于应付，之前花费很长时间制订出的计划，也成了一纸空文，彻底失去了意义。

今后，你制订的计划都要具备一定的灵活性，但需要注意一点，这种灵活性得有限度，如果为了保证这种灵活性，导致无法完成重要的任务，那就得不偿失了。有些任务是不具备灵活性的，碰到这样的情况，就要想办法确保计划的执行。总而言之，别让自己过于被动，灵活的计划才有意义。

04月

战胜拖延的恶习

最遗憾的浪费是浪费时间，

最可耻的辜负是辜负自己

PDCA循环法：先打败懒惰再说

不要睡懒觉，不和太阳一同起身就辜负了那一天……“勤敏是好运之母”，反过来，懒惰就空有大志，成不了事。

——塞万提斯

懒惰是生活上的捣蛋鬼，有它存在的地方，就有杂乱无章，就有狼藉一片。它无情地抹杀了生命的积极和勤快，让人在无限的拖延中忍受着散乱的日子。

懒惰是工作上的拦路虎，它让人得过且过、混一天算一天，变得没有责任心，没有上进心。无休止地懒下去，也许能用形式化的行为欺骗一下别人，可对自己的伤害谁也替代不了。

懒惰是人际上的破坏狂，明明是自己犯下的错误，却总要别人一起来承担责任。这是一个讲求效率的时代，你用懒惰拖延着成功的脚步，可别人却在奔跑着追寻目标。时间久了，当你的懒惰成了别人的绊脚石，谁还会愿意跟你站在同一战线，谁还会愿意与你同行？

懒惰是感情里的一根刺，爱情和婚姻中的两个人，本该互相体谅，互相扶持，互相关照，如果其中一个人凡事犯懒，把所有的家务、所有的压力都置于爱人的身上，再深厚的爱也会被它压垮，再乐意付出的人也会感到心寒，因为付出总需要得到一点回报，一点宽慰，才能有勇气继续坚持。

曾看过这样一篇寓言故事：有只青蛙在路边悠闲地闭目养神，突然听见有人喊叫："老兄，老兄……"它懒洋洋地睁开眼，发现是田里的青蛙手舞足蹈地呼唤着它："你在这里睡觉太危险了，搬过来跟我住吧！我这里很凉快的。"田里的青蛙很热情，"在我这里，每天都有可以吃的昆虫，既能为庄稼除害，还很安全。"

路边的青蛙有点不耐烦，它很讨厌别人对自己的生活指指点点，便说："我已经习惯了，懒得搬了。有什么必要非得搬到田地里呢？路边一样有昆虫吃。"田里的青蛙摇了摇头，无可奈何地走了。几天以后，它又跑到那里，探望那只路边的青蛙，结果却发现，路边的青蛙已经被车轮轧死，暴尸在马路上了。

生活中的很多灾难，不是别人酿造的，也不是老天刻意地为难，而是自身的惰性习惯导致的。懒惰习性一旦无休止地蔓延，便会使人在心里产生一种厌倦情绪，包括生气、嫉妒、嫌恶、不能主动地思考问题等，最终会引起自己的自暴自弃，使人无法按照自己的愿望进行活动，从而白白浪费时间。

人有趋乐避苦的本性，虽然经常性的刺激可以让人保持一定的警惕，但仅有刺激还不足以完全抵抗惰性。在此，推荐尝试PDCA循环法，它可以有效地辅助我们对抗懒惰。

所谓的PDCA，就是四个英文单词的缩写。

"P"——Plan，计划

要克服懒惰，就必须得有计划地行事。如果面对工作、学习，想到什么做什么，没有系统的计划，结果往往就是“三天打鱼，两天晒网”，一旦遇到一些关键性的任务，也难以有清晰的思路。计划有很多种，从小到大依次是：日计划，周计划，月计划，长期计划。在制订计划的时候，一定要分清事情的轻重缓急，不能眉毛胡子一把抓，越简单越好。

计划的目的，是为了更好的实施行动。所以，在制订计划时，还必须得考虑到它的可行性。若只是纸上谈兵，完全不符合自身的情况、也不切实际，要求过高，那不仅不能帮忙对抗懒惰，还可能会进一步诱发懒惰和拖延。

“D”——Do，执行

俗话说：“万事开头难。”可对于计划的执行，往往是开头很容易，坚持却很难。要保证工作能够有条不紊地进行，就要提高“执行力”。当然，这不是一朝一夕的功夫，需要不断去学习执行理念、执行方法，让自己由内而外共同提高执行力，养成认真做事的习惯。

在执行的过程中，要记得时刻提醒自己，不能犯懒。为了保证执行能够顺利坚持下去，最好把你的计划做一个公众承诺，这样就在无形中给自己制造了一些压力，让惰性无机可乘，同时在执行中也多了一份监督。

“C”——Check，检查

检查，通常涉及到两个方面：其一是自检，其二被检。

自检，无疑是一种自省，不断地发现自身存在的问题，解决问题。这需要时常地思考，回顾自己的言行。被检，则是自觉地将自己置身于优秀的监督机制中。比如，你的领导很擅长“盯着”员工，你的家人是很好的监督者，那他们都能帮你抗击惰性的出现。

“A”——Action，处理

检查的目的很明确，是为了发现问题，解决问题。因此，在检查之后，就要采取行动。

对于检查的结果，好的要奖励，坏的好惩罚，要养成这样的习惯。

对于成功的经验，要进行标准化，形成可以推广的模式。

对于没能完成的工作，分析原因，然后放到下一个PDCA中循环。

唯有将上述的这些环节、细节都做好，才能够真正地远离惰性！

理性决策，别为犹豫而浪费时间

在懦夫和犹豫不决者眼里，任何事情看上去都是不会成功的。

——司各特

Suzy是个特别胆小的女孩，性格中带有些许的懦弱。平时跟朋友在一起，不管是看电影还是吃饭，她从来都是那个追随者，不会主动提出建议；在工作方面，任何事情都要去请示老板，哪怕是在职责范围内的事，也不敢做决策，很怕做错事被人埋怨或挨批。在处理自己生活中的一些问题时，她也经常犹豫，左右不定，迟迟做不出选择。这样的习惯，让Suzy给人的感觉特别“不爽快”，总是拖拖拉拉的，很简单的一件事，却浪费了大把的时间，有时真是显得“不知轻重”。

拿破仑·希尔曾经说过：“在你的一生中，你一直养成一种习惯，逃避责任，无法做出决定。结果，到了今天，即使你想做什么，也无法办得到了。”

遇到问题犹豫不决，拖拖拉拉，思虑太多，往往会错失很多重要的东西。就像布里丹毛驴，在干枯的草原上找到了两堆草，明明是一件好事，可它却一直琢磨到底该先吃哪一堆？左思右想，翻来覆去地琢磨，拖延着做决策的时间，结果被活活地饿死了。

为什么有些人会迟迟不敢作决策，在举棋不定中浪费时间呢？

心理学家很早就开始关注这个问题，他们还针对犹豫不决的人和果断的人做事时的情况进行了实验：请拖延者和果断的人把一副纸牌中红色与黑色的纸牌分开，然后再把黑、红、梅、方四种牌分开，并记录他们完成任务的时间，以及给纸牌分类过程中的准确率。与此同时，心理学家还让所有人在分牌的过程中，时刻注意白灯的情况，一旦白灯亮起，就要以最快的速度按下按钮。在进行100次的试验后，心理学家要求所有参加者看见白灯亮了，就按下按钮；看到红灯亮起，就不按。

实验结束后，心理学家们得出结论：决策型拖延的人，在竞争力方面，并不比那些行事果断的人差，他们也可以有效地工作。当他们必须要作出一个决定时，在速度上与果断的人基本上是一样的，而且准确率也差不多。

这说明什么呢？拖延的人并不缺乏迅速作出决定的能力，是他们主动选择了放慢速度。

他们还尚未意识到，频繁地作决定给优柔寡断的人带来的伤害，要大于对果断的人的伤害。优柔寡断的人在作了决定后，就很难继续做其他决定了，而果断的人却不会受到做决定的数量的影响。

犹豫不决的人之所以恐惧作决策，是因为害怕犯错，害怕判断失误。其实，这纯属是一种心理症结，因为任何人都不喜欢失败的感觉，多少对失败也会心存恐惧。可这并不意味着，就要放弃作决策的权利，拖延作决策的时间。要对抗这个问题，唯一的办法就是打破恐惧，然后学习如何作出更加明智的决定，降低自己犯错的概率。

约瑟夫·费拉里说："对于我们所有人来讲，作出每一个决定都不容易，大到正确的投资、选择新的职业，小到买哪个品牌的冰箱，都不是一件容易事。但是，如果你用对了方法，即使棘手的事情也可能会变得简单。"关于如何做决策，他还给出了一些简单有效的建议：

·选择不宜太多

当面临的选择过多时，优柔寡断的人会加剧做决策的恐惧和困难。因此，要避免这个问题，就要尽量缩小自己的选择范围。比如，根据各种选择的性质特点，把所有的选择分成若干的小组。如果你正考虑换一份工作，那不妨把工作分为两类：全职和兼职。然后问问自己，到底是想要一份自由一点的工作，还是想要每天待在办公室里？有了第一个选择后，再在其中进行划分，直到得到自己满意的答案。

·列一个利弊清单

做决策，实际上就是做出一种选择，而选择就意味着有得有失。要想让决策更加理智，减少后悔和遗憾的发生，不妨列一个利弊清单。比如，你不知道该在郊区买个便宜点的大房子，还是在市区买个贵点的小房子，那就分别把两种情况的优势和劣势都写下来，对比一下。在权衡利弊时，要谨慎考虑，比如小房子的面积是否够用，郊区的房子周围的配套设施是否能满足你的要求？搬到郊区住，是否还需要购车？考虑清楚了，做决策就不难了。

·不要瞻前顾后

一旦做出了决策，那就顺着这条路走下去，不要左顾右盼。要知道，很多拖延者之所以没能坚定地做好一件事，就是因为总后悔，做了一个选择，还想着另外一种可能。这是非常不可取的，向前看才是正确的态度。

·记录所有的想法

当你在采取行动时，脑海里肯定不时地会冒出一些奇怪的念头，组织你现在的行动，让你停下来。每次出现这样的想法时，一定记得把它记录下来，知道自己的症结在哪儿，然后逐一去打消。纵然失败了，也没什么大不了，至少你已经找到了问题所在，也已经尝试过了。

·不要太过心急

凡事不拖延，并不等于要匆忙做决策，而是要在收集了重要信息后迅速作出决定。当然，你也没有必要收集所有的信息，这有点不太现实，只要差不多就行。之后，以信息为基础，用理性战胜“跟着感觉走”的感性，作出的决定应该就会比较可取。

放弃万事俱备再开始的想法

一般人总是等待着机会从天而降，而不想努力工作来创造这种机会。当一个人梦想着如何去挣五万镑钱时，一百个人却干脆梦着五万镑就掉在他们眼前。

——米尔恩

一位对文学颇有兴趣的朋友，早年就计划出一部作品，可兜兜转转十几年，他却连几篇文章都没有写出来。问及原因，他的回答就三个字：没灵感！他说，写作是一项创造性工作，有灵感的时候才能提起精神去写，不然是写不出好东西的。

另一位已经出版过几部作品的朋友看法却截然不同，他时常说："有截稿日子在那里摆着，我不能等有了灵感再去写，那样的话，很可能一年下来都找不到灵感。我通常都是静下心坐在电脑跟前，打开文档，想到什么就写什么，尽量放松。用不了多久我就发现，思路变得清晰了，很快就能写出一篇文章来。"

每一位作者都知道创作是需要灵感的，但几乎没有一个作者是完全依靠灵感来创造的。被动地去等着灵感的到来，不如主动去获取灵感，多看、多思、多写，先让自己行动起来，才有可能发挥出潜能。如只是坐而论道、沉迷于文山会海，夸夸其谈，一直在筹备的状态中，不去落实，往往什么都得不到。

这就好比，我们要去拜访客户，事先做了大量的准备工作，了解客户企业的发展史、战略规划、产品线、营销策略，以及客户的个人喜好，以便准确把握客户的需求点，并且想好过程中可能发生的各种情况，客户可能说的每一句话以及应对方案。

诚然，这么做的话，可以降低做事的出错率。然而，在进行这一系列漫长的准备过程中，我们不能忽略一个重要的问题：当我们准备充分以后再去拜访客户的时候，竞争对手已经先我们一步把单签了；当我们在思考客户会用什么样的话来拒绝自己的时候，已经失去了踏进客户公司大门的勇气了。

我们总想着，等准备好了再去旅行，等准备好了再去表白，等准备好了再给客户打电话，等准备好了再去创业……梦想是可贵的，时间也是不可逆的，一旦掉进了顾虑重重、无法定夺的徘徊中，很有可能就错失了机会。对于一件事情，如果等所有的条件都成熟才去行动，那恐怕就得永远地等下去。

那么，要如何才能杜绝“万事俱备再行动”的症结呢?

·事先预料各种困难，做好充分的心理准备

每一个冒险都会带来困难和变化，正所谓“计划赶不上变化”。即便你这一刻考虑得很周祥，计划得很缜密，也无法准确预测最后的解决方案，过程中依然会有意外发生。所以，做好迎接困难的心理准备，然后果断地行动起来。

·在行动的过程中，不断地修正方案

任何人都无法在行动前解决掉所有问题，聪明的人往往是在行动的过程中不断地修正方案，遇到麻烦积极地想办法解决。沉浸在幻想中会让人心生无限的恐惧，而行动本身却会给人带来巨大的信心和力量。

·现在就行动，不要再用任何借口来拖延

如果你希望自己是积极的，就摆脱“万事俱备”的枷锁，立刻投入行动中。也许刚开始的时候会有些难，可当你养成了“马上行动”的习惯后，就掌握了快速迭代的秘诀。

现在就做！一分钟也不要耽搁

如果你每天落后别人半步，一年后就是一百八十三步，十年后即十万八千里。

——盛田昭夫

Alisa业绩平平，也不怎么努力。别人费劲地联系客户，虽然不那么顺利，可也努力着做着。她总是看着电脑发呆，要么就一直打114，查询某个公司的电话，查到了之后就写下来，那记录本倒是挺清晰，上面内容详尽，可就是积攒了N多个电话，没打出去几个。她私下里念叨："有点不想做了，遇见那种不讲理的客户，拿起电话就一顿数落，好像自己怎么得罪他了。所以，干脆就积累点资源吧，实在不想动弹去打电话。"

Kelly平时的工作任务不多，故而经常迟到早退。主管几次提醒她，做事积极点、麻利点，可每天交代她的事，从来没有过提前完成的时候，总得不停地催她才开始动身去做。结果气得主管只能甩下"片汤话"：你愿意干就干，不愿意干就走人，别影响大家。

Tim每天都会跟同事抱怨："好烦啊！什么思路都没有，再这么下去就得神经衰弱了。"事实上，整个部门里就数他最轻松，做的案子最少。起初还有人愿意帮他，可到最后大伙儿发现，他其实就是懒，想拖着少干活，混到月底拿工资。

……

这样的故事，对谁而言都不陌生。也许，某个人的某种行为，就映射出了我们的过去，或者是现在的影子。该做的事不是立即行动，而是找各种理由、各种借口拖延着，同时又以没有真正放弃要做的事来获得自我安慰。一方面对自己拖拖拉拉的毛病很不满意，另一方面却又不肯改掉这个坏习惯，就处在被动的的等待中。

等待和拖延，不仅仅会浪费时间，还可能生出一些悲惨的结局。凯撒大帝在接到报告时没有立刻展读，结果一到议会就丢掉了性命；美国独立战争时期，英国的拉尔上校正在玩纸牌，忽然有人递来报告说，华盛顿的军队已到德拉瓦尔了。拉尔上校没有立刻展开报告下令应战，直到牌局结束才采取行动，结果全军被俘，他自己也战死沙场。就是几分钟的延迟，他就失去了自由、尊荣和生命。

要消除拖延，最好的办法就是“现在就做”。在开始一项工作前，面对空白的内容和计算机屏幕，任何人都会觉得非常有挑战性。然而，就这项工作而言，“开始”是最难的一件事，可又是必须要做的。一旦真的开始做了，创意就会不断涌现，思路也会慢慢清晰，越是拖延着不做，就越是想要逃避，心里越是烦躁。所以，在接到新任务时，立刻采取措施，切实地行动起来，消除内心里那些“等一会儿再看吧”“明天再做”的意念。列出自己的行动计划，此时此刻就去做，一分钟也不拖延，才能慢慢戒除拖延的毛病。

一位非常敬业的艺术家，每一个闪现在脑海中的想法，他都不会轻易放过。在产生新的灵感时，他会马上用随身携带的笔把它记下来，哪怕是在刚刚梦醒的深夜，他也会自觉地坚持这么做。这种做法对他而言，已经形成了非常自然的习惯，他从来没觉得有多难做到。对于艺术家的这份工作态度，以及长期坚持不拖延的习惯，让人深感佩服。

这位艺术家，之前也有过拖延的问题，可最后他发现：立即去做自己一直拖延的事，就会发现拖延时间根本没有必要，而且还可能会因此爱上自己一直拖延的这项工作，从而不想再耗着，不想再饱受拖延的煎熬。千万别去想，要等到一切必要条件都具备了再行动，因为工作这件事从来就没有万事俱备的时候。不管是谁，都不可能把所有外部条件都完善之后再做事。就在既有的条件下，我们仍然可以把事情做到极致。因为，行动本身可以创造有利的条件，只要行动起来，就是一个好的开始，它能带动着我们着手做更多的相关事情。

竞争的实质，就是在最快的时间内，做得最强、最有效果。行动，不是未来的某一天，也不是明天或下一刻，而是现在！把握住现在，把握此刻的分秒，每天保持一种时不我待的紧迫感，就能够远离拖延，成为一个做事高效、善于执行的人。

在完成的基础上去追求完美

完美主义等于瘫痪，苛求完美只能造成残缺。

——丘吉尔

美国芝加哥德保尔大学心理系副教授拉里说：“某些拖延行为其实并不是拖延者缺乏能力或努力不够，而是某种形式上的完美主义倾向或求全观念使得他们不肯行动，导致最后的拖延。他们总在说：‘多给我一点时间，我能做得更好。’”

Amanda被公司解雇了，满腹委屈。她算得上是一个出色的设计师，同事们都表示：论能力，她比新来的设计师强几倍，创意奇特，出人意料；论素养，她早出晚归，勤勤恳恳，这一点许多同事都不如她。可就是这么一个卖力干活的好姑娘，竟然被炒了鱿鱼，而多少滥竽充数的职员，反倒安稳地端着饭碗。

老板是故意跟Amanda过不去吗？事实并非如此。Amanda做事太慢，让老板忍无可忍了。别的设计师三天就可以出来作品，她得用上十天，虽说东西是挺好的，可这时间嗖嗖地过去了，老板也着急啊！情况往往是，任务交代下去，几天之后什么东西也拿不出来。老板没看到Amanda苦思冥想、废寝忘食的样子，他看见的就是“你又什么都没干，工资白发给你了”。

Amanda也不是头脑短路，真的想不出来，她是一个典型的完美主义者。不管做什么，总是追求尽善尽美，一点儿瑕疵都不容不下。她对自己要求太高，总希望出来的作品超过公司的其他设计师，把设计做到最理想，达到一个很高的境界。就算任务紧急，她也不愿意匆匆忙忙开始，非得等待万事俱备才行，包括里面的各种小细节，也必须经过深思熟虑。就这样，在开始的时候一直拖延，到最后时间不够了，完不成了，要么沮丧、要么狂躁。

心理学家表示：完美主义者特别在意别人的评价和反应，强烈期望社会的认同，强烈的抵触消极的评价。为了不遭人非议，他们就会对自己很苛刻，要求自己必须把一件事做得漂亮、无可挑剔。为此，他们的压力也比常人都大，背负着重压来做事，内心肯定像是热锅上的蚂蚁，焦急难受。为了让自己舒服点儿，他们就可能会选择逃避和拖延。

完美主义的正常形式，应当是在做事之初有一份追求完美的心态，但在执行时不刻意，能够接受突发的意外情况，刻意允许微小却不影响全局的瑕疵出现，并将这些问题牢记于心，作为日后改进的部分。这样的完美主义，会让人不断追求更高的目标，变得越来越好，这属于积极的完美主义。

像Amanda那样，对完美主义的追求变成了强迫症，为了获得“完美”而变得神经质，拒绝接受任何不完美的东西时，就成了消极的完美主义。消极的完美主义者，在性格上有一种一股与生俱来的冲动，习惯把这股精力投入到那些与自己的生活、工作息息相关的事情上，努力去改善它们，尽量让它变得完美。他们希望早日完成自己所制订的计划，但这种想法却往往被被现实打败，无法如期兑现。接下来，他们就会出现沮丧、暴躁的情绪。

对于Amanda这样的人，要她完全停止成为完美主义者是不太可能的，最好的办法应当是，让她知道自己的完美主义倾向，并加以合理的利用，成为一个真正获得个人成就的完美主义者，而不是一个耗费精力的完美主义拖延者、淘汰者。

那么，消极的完美主义者，该如何恢复常态呢？

·设置时间限制

这是一个老生常谈的问题了。工作总是能够在任何限定的时间里完成，如果你不给自己任何时间限制，那你会一直做这件事。有完美主义情结的人，为了防止自己拖延，就要给自己设定时间限制，让自己在规定时间内完成。

·抛开所有顾虑

完美主义者习惯在计划上花费很多时间，总觉得“万事俱备”之后，成功的可能性会更大。提前计划和做准备，并没有什么错，但前提是你要掌控好时间，最好让准备的时间短一些，然后把更多的时间留在执行上。不要顾虑这样那样的问题，你只要顺其自然地做下去，在问题出现时解决它就行了。太过于担忧和顾虑，其实就等于活在幻想中，并未活在当下。

·适当地放松调节

人不是机器，会有生物钟，身体和大脑在持续工作一段时间之后，会感到疲惫。这时，不要用未完成的工作强迫自己坚持，不要加班熬夜，要让自己放松休息。休息之后，身体和大脑的机能恢复最佳状态，等再重新投入到工作中时，你会有全新的想法和专注力。

05月

利用时间的技巧

让每一刻醒着的时间，

得到最极致的利用

学会利用时间，而非消磨时间

消磨时间是一种多么劳累，多么可怕的事情啊，这只肉眼看不见的秒针无时不在地平线下转圈，你一再醉生梦死地消磨时间，到头来你还得明白，它仍在继续转圈，无情地继续转圈。

——伯尔

时间是世上最公平的东西，它赋予每个人的分秒都是一样的，关键在于谁会利用。一个人会不会利用时间，不是看他做了多少形式上的努力，而是有没有能力让每一分、每一秒都产生最大的效益，在同样的时间内高质高量地完成要做的事。

按照常理来说，一天工作8小时，每小时60分钟。那么，到了现实中，1小时究竟有没有60分钟呢？坦白说，没有。因为我们利用到的，往往只是重要的几分钟、十几分钟而已。现在，我们不妨通过一个实验，再测试一下：一天中究竟有几个小时是有效的？

找一个笔记本，把一天分成三个8小时的区域，再把每小时画成60分钟的小格。在一周的时间里，我们可以随时把自己所做的事情记录在表格里，连续做完一周，回头再来看，就会发现自己浪费了多少宝贵的时间。把时间挤下来，就会知道如何去做事了。

我们时常会提到“事半功倍”，大致意思就是，花费一半的力量，得到数倍的效果。能够实现此目标的人，不一定都是非常聪明、行动特别快的，还有很大一部分是懂得“一时两用”的人。

人是跑不过时间的，但只要会利用时间，也可以创造不少东西。谁善于利用时间，谁的时间就会变得“超值”。但凡在某个领域内表现出色的人，通常都有让他们获得成功的习惯和方法，尤其是善于时间管理。

美国某知名公司的董事长赖福林就是一个管理时间的高手。他每天早上6点钟来到办公室，先用15分钟阅读经营管理哲学的书籍，然后全身心地投入到年度内必须完成的工作中，思考该采取的措施和必要的制度。

紧接着，他会考虑一周内的工作，把本周的工作全部列在黑板上。之后，他会在餐厅和秘书一起喝咖啡时，把他认为几项重要的事情商量一下，小到孩子入托，大到公司的方针计划，而后做出决定，让秘书操办。这样的工作方法，让赖福林大大提高了工作效率，也推动了企业整体绩效的提高。

对我们而言，要如何养成珍视时间的习惯，好好地利用时间呢？

·精打细算每分钟

犹太人把时间视为金钱，他们的工作经常以1分钟得到多少钱来计算。犹太人请人做事，工资也经常按小时来支付。在会见客人的时候，他们会恪守时间，绝不拖延；客人来访，一定要事先预约，不然会吃闭门羹。对于那些突然来造访的客人，犹太人是很不喜欢的，这样会打乱他们已经安排好的计划。

正是因为十分注重对时间的把握和利用，才让犹太人中出现了那么多商界精英。把时间精算到每1分钟，有利于充分安排和使用时间，短期内可能看不出什么效果，但长期积累，差距就会凸显出来。

·限制办事的时间

人在生活中经常会有懒惰心理，倘若觉得时间充裕，工作就会少一些紧迫感，注意力会下降，效率也随之降低。如果时间紧迫，担心自己完不成，便会自觉地催促自己加快办事速度，提高办事效率。

这就提醒我们，在办事的时候，可限制的时间，比如约见朋友，先说明自己有多少时间可支配，有了这个限制，大家就会认真交谈、直奔主题，避免了无谓的闲谈，让对话的效率提高。再如，打电话与人协商事宜时，不妨请对方在指定的时间内答复，以免浪费时间。

·用合作节约时间

对于一个项目，如果能够分割成几个小部分，找人合作、共同完成，就能推动办事效率。毕竟，个人的时间和精力有限，能把别人的时间变成自己的时间，能将简单烦琐而又不重要的事务，交给一些新人去做，既减轻了自己的负担，也锻炼了新人的能力。

聪明的人会千方百计地找时间、挤时间，当普通人消磨时间的时候，他们会不断地完善自己，做更多有价值的事，这就是善于利用时间，让时间“增值”，也是拉开平庸与不凡之间差距的关键。

用80%的时间做好关键的20%的工作

节省时间；也就是使一个人的有限生命，更加有效而也即等于延长了人的生命。

——鲁迅

时间是重要的资产，但它不同于金钱，金钱可以被储蓄，用完了还能再赚，可时间一分一秒逝去之后，却再也找不回来。在有限的时间里，谁能最大限度地减少浪费，谁就是赢家。

凯乐是某公司的设计总监，在别人看来，他简直就是疲于奔命的工作狂。每天，他要花上六七个小时来做设计和研究，此外还要兼顾部门里的其他事务。他经常风尘仆仆地从外面回来，又急急忙忙地出去，部门里的每件事情，他都要亲自参与才放心，就算人不在办公室，电话也会准时来。

难得跟朋友约个饭，手和眼却不离手机。朋友略显尴尬，小心翼翼地问道："你每天都这么忙吗？"大概是意识到自己的做法影响了进餐的氛围，凯乐抱歉地说："不好意思啊，主要是事太多了，时间又不够用。现在还有一堆事拖着没做呢！"

朋友不解："你干吗要忙成那样呢？管好你的时间，做好重要的事就行了。"

就是这句话，突然点醒了凯乐。他发现，自己忙了半天，真正有价值的事很少。之后，他听了朋友的建议，把那些无关紧要的小事都交代下去，自己集中精力做设计。一段时间之后，他发现自己的做事效率高了很多，设计的作品也比之前“赶”出来的要好很多。

凯乐彻底改变了以前的工作方法。之后，他手上从未同时有三件以上的急事，通常一次只有一件，其他的都暂时放一边。大部分的时间里，他都来思索主打的设计作品，至于细微的工作，看看部门里谁做合适，就让谁去做。他只是时常盯着一下工作的进度。

其实，朋友告诉凯乐的做法，与意大利经济学家帕累托提出的“二八法则”的内容如出一辙。帕累托从研究中归纳出这样一个结论：80%的财富流向了20%的人群，而80%的人却只拥有20%的财富。事实上，“二八法则”存在于诸多领域，无时无刻不在影响着我们的生活，下面列举了一些常见的事例，看过后你就会发现它是具有普遍性的。

· 80%的销售量来自20%的客户。

· 80%的产量来自20%的生产线。

· 80%的病假来自20%的员工。

· 80%的宴会只重复20%的食谱。

· 80%的垃圾只出现在20%的常用区域。

· 80%的钱花费在20%的商品上。

· 80%的阅读时间用在20%的报刊上。

· 80%的电话是20%的外人打来的。

·80%的外出就餐是在20%的最喜欢的餐厅进行的。

看过这些事例，我们就当清楚，要想提高做事效率不拖延，摆脱忙碌紧张的状态，就要掌控好时间的钟摆，把80%的时间花在能出关键效益的20%的事情上。当你把“二八法则”运用到时间管理上，就会出现下面的假设：一个人在各个领域上所表现出的大多数价值，都是在某一小段时间里取得的。也就是80%的成就是在20%的时间内取得的，剩余的80%的时间只创造了20%的价值。要成为一个高效能的人，就得把时间用在最重要的事上。

那么，何谓最重要的事呢？它应当符合5个标准：

·标准1：完成这件事让你更接近自己的主要目标。

·标准2：完成这件事有助于我为实现组织、部门、工作小组的整体目标做出最大贡献。

·标准3：完成这件事的同时，可以解决其他许多问题。

·标准4：完成这件事能让你获得短期或长期的最大利益，如升职、加薪等。

·标准5：完不成这件事，会产生严重的方面作用，如生气、干扰、责备、失业等。

当你懂得把时间用在最具有“生产力”的地方，把精力用在最具价值的工作任务上，工作对你而言就不再是一场无止境、永远也赢不了的赛跑，而是可以带来丰厚收益的活动。

遵从生物节律，抓住最佳状态

时间是个常数，但对勤奋的人来说是个变数。

——雷巴柯夫

生活中，我们常常有这种感觉，前一秒还是精力充沛，激情满怀，后一秒就开始消极颓废，满脸倦容。很多人觉得这是因为情绪上的波动引起的，其实这是一种正常的现象。

人在每个时期的不同状态，导致了工作和生活的节奏是快还是慢，也就导致了工作效率的高低。那么了解自己的生理状况并合理运用自己最好的时间，也就是我们所说的黄金时间，是一种快速获得高效的必经之路。

早在20世纪初，英国医生费里斯和德国物理学家斯沃伯特就发现了一个奇怪的现象：有些病人因为头疼、精神疲倦等，每隔固定的天数都会来就诊一次。在跟这些病人深入沟通后，他们分析总结出一条规律：人的体力状况变化以23天为周期，而人的情绪状况变化则以28天为周期。20年后，另一位叫特里舍尔的人，又根据自己学生的智力变化IQ分析总结出：人的智力状况变化以33天为周期。

在这些理论的基础上，后来的科学家们又陆续发现了一些事实：人的体力状况、情绪状况、智力状况按照正弦曲线规律变化；人的“生物三节奏”中，又可分为“高潮期”“低潮期”“临界点”和“临界期”。人在“高潮期”时，心情舒畅、精力充沛，工作效率最高；人在“低潮期”时，心情低落，容易疲劳，工作效率较低；在“临界点”和“临界期”时，人的体力、情绪、智力会呈现不稳定的状况，工作易出现失误。

这种体力和大脑机能，即便在一天的时间内，也存在起伏变化。通常，一天有三个黄金时段，分别是10∶00–11∶00，15∶00–17∶00， 20∶00–21∶00。这三个黄金时段，做事的效率较高，适合从事比较具有难度和挑战性的工作。

很多人不了解自己的黄金时间，胡子眉毛一把抓，在最好的时间里打一些不太重要的电话，回复一些不必要的邮件，白白浪费了黄金时间，等到重要的事情降临，又疲惫不堪，没有精力，于是一天下来，工作倒是不少做，但是效率并不是很高，下班后加班加点，忙到很晚。

同样的境地，有一些人就很“悠闲”。他们似乎没有被工作困扰，难道他们能力超级强吗？也许不是，如果你留心，就会发现，那些人总是在总结，在计算，在归纳自己的时间段。黄金时期来临，他们会紧紧抓住并突破自己，灵活的运用自己的能力，在合适的时间，做合适的事情；在同样的时间里，做出比别人更多的事情来。

一个很懂得时间管理的经理，曾给每一个新来的员工都发了一份“时间利用表”：

清晨收拾完毕，来到自己办公室，阳关洒满窗台，这时，你的身体刚刚苏醒，大脑处于空白时期，可以把一天的工作计划归类整理，各项事务分工，在思维极度清醒的状态下，做事情条理清晰，思维敏捷。获得一天中最重要的信息，并合理安排好自己的工作时段，给自己作一个计划。

9点到10点，是真正的黄金时期，思维飞速运转，大脑活跃，这时可以做一些重要的事情，比如电话回访、客户谈判、设计创造等比较重要的工作。这样会让你的重心在这段时间得到合理的释放。

10点到11点，思维逐渐达到高峰，身体处在最佳状态。可以把今天的会议、报告或者汇报等工作处理得很完美。这段时间不能放松自己，把自己最好的姿态，贡献给最重要的工作。

11点到12点，身体有些疲劳，需要稍稍休息一下，饥饿感在逐渐传递，可以回复一下邮件，整理一下资料，把昨天遗留的东西处理完毕。必要的时候，和同事讨论一下工作上的进度或者计划。

午饭过后，身体处于困倦状态，稍稍休息一下，适当调整自己，为下午的战斗打好基础。

下午2点到4点，身体已经恢复。要让自己冲锋在最前线，做一些高难度复杂的计算，把全天工作最核心的部分加快步伐处理完毕。这个时期的工作会表现出工作成绩和效率，充分利用好这个黄金时段，那么你一天的工作基本上就有了保障。

下午5点到6点，精神疲劳视觉疲劳，各种疲劳相继出现，那么不要做一些思考难度太大的问题，要让自己的思维得到放松的同时，身体上继续为工作忙碌。体力上的劳动暂时转移一下精神上的疲惫状态，劳逸结合的同时，也没有耽误正常的工作。

晚饭后如果你还在加班，那么你就要静下心来整理一天的资料了。这个时间用来复习和回顾最好不过，可以写下今天的总结和明天的安排。

黄金时期是一种精神与生理恰到好处的结合，在任何人的生命里都是平等的，不是你有我没有，我有他没有。如果你不把它们白白浪费了，回报自然是翻倍的。不过，用好黄金时间，还要注意一些细节：

· 记录自己的生理变化并及时做好总结。

· 分类自己的工作并把最重要的工作安排在黄金时期。

· 切记在黄金时间不要被琐事和他人打扰。

· 给自己一个计划，有需要随时调整自己的计划。

· 保持良好的工作状态，避免自己过于疲惫而懒散。

· 一周或者半个月给自己的工作做一个很好的分析，查漏补缺并鼓励自己。

总之，用好黄金时期，让自己随时经历充沛，工作效率自然会提高。

最大限度地利用碎片化时间

用“分”来计算时间的人，比用“时”来计算时间的人，时间多五十九倍。

——雷巴柯夫

时间就是生命，这句话我们每天重复无数遍，但是有多少人拿着那些看似几分几秒的时间在浪费呢？他们内心也渴望做点事情，但总是会说“时间不够用，等闲下来的时候再说吧”，事实上他们是把“空”的时间和“闲”的时间混淆了。不信你看，多少人在电脑前刷着微博、打着游戏，可就是找不到“空”的时间去做那些重要的事。

麦肯锡公司曾经做过一个调查，清晰地展示了人们空闲时间的秘密。这份抽样调查表明：美国城市居民每周平均每日工作时间为5小时1分钟；个人生活必须时间为10小时42分钟；家务劳动时间为2小时21分钟；闲暇时间为6小时6分钟。这四类活动时间分别占总时间的21%、44%、10%和25%。每一天人们都是这样度过的。十年来，人们的闲暇时间增加了69分钟，闲暇时间占到一个人生命的1/3。

中国人每天在电视前的时间是3小时38分钟，日本人和美国人每天在看电视上花费的时间分别是1小时37分钟和2小时14分钟。这次调查报告还显示，本科以上高学历的终生工作时间是低学历者的3倍，平均日学习时间为50分钟，收入是低学历者收入的6倍以上。

很多人都觉得，人与人之间的贫富差距、成就高低，都是因为环境、机遇、能力和性格等方面的差异导致的，可事实却像爱因斯坦说得那样：“人的差异在于利用空闲时间。”

鲁迅先生从不浪费自己的时间，他说：“我是把别人喝咖啡的时间用在了写作上”，所以他一生才能为我们留下六百万字的作品。你在喝咖啡，他在车上打盹儿，别人在读书写作，一点点的差别，但是积累时间长了，结果大相径庭。

澳大利亚著名生物学家亚蒂斯，他成功地发现了第三种血细胞，同时也赋予了闲散时间以生命的神奇。他非常珍惜自己的时间，所以特意给自己制订了一个制度，那就是睡前必须读15分钟的书。无论忙碌到多晚，哪怕是凌晨两三点钟，进入卧室以后也要读15分钟的书才肯睡觉。这样的制度，他坚持了整整半个世纪之久，共读了一千多本书，合计几千万字，医学专家终于变成了文学研究家。

生活中最让人难过的事情是，比你优秀的人比你更加知道时间的宝贵，比你更加努力。你看，但凡有点成就的人，没有一个不把时间当成生命中最宝贵的事情，没有一个不为浪费时间而感到痛苦，更没有一个把重要的事无止境地往后拖。

Amy是一家公司的设计师，虽然工作任务不轻松，有时甚至许多设计方案都积压在一起，但艾米却从不慌张，都能从容应对。几年过去了，公司里的设计师来了一个又一个，但艾米却一直稳稳当当地占据着一把手的位置。

Amy说：“有时候真的很忙，但不管多忙，我都会在忙碌的时候合理安排一下时间，随时待命，见缝插针。闲下来的时候，我也很少玩游戏，自己在网上学习，翻看一些设计类的书，看其他设计师的排版和效果，不断给自己补充新知识，不断充电。”

时间最不偏私，给任何人都是24小时；时间也最偏私，给任何人都不是24小时。因为时间是死的，我们的思维却在活跃着。

每天8小时的工作时间，上网看微博的时间，完全可以用来收发邮件；中午和同事闲聊的时间，完全可以闭目休憩一会儿；路上等车、坐车的时间，完全可以用来听书……其实，时间就像海绵里的水，只要愿意挤，总是会有的，只是看你是不是知道如何轻松地利用。

从现在开始，盘活你的零碎时间吧！你会给自己创造不一样的未来。记住：生命是时间累积而成的，零碎时间也是生命的一部分，只要用心，任何时间都不会被浪费掉，积少成多就会让生命变得充实而厚重。

06月

拿出说不的勇气

不懂拒绝和舍弃，

时间就会被白白浪费

减少打扰的关键，全在自我管理

世界上最快而又最慢，最长而又最短，最平凡而又最珍贵，最易被忽视而又最令人后悔的，就是时间。

——高尔基

Frank是一家公司的业务部经理，平日工作特别忙，好在他会把那些大大小小的事情进行分类，订出合理的计划，尽量保证工作效率和进度。可是，最近有一件事让他比较头疼：部门里新来了一个实习的商务，有事没事就敲他办公室的门，一会儿是请示，一会儿是报告，一会儿又是商谈，不知道他是因为不熟悉工作流程、不敢擅自做决策，还是只想多露露脸，让领导知道他在"努力"工作?

其实，这位新来的商务到底有什么想法，Frank并不是特在意，他真正在意的是：这位下属的做法，已经严重打扰了他的工作计划和时间安排。有时，招商会的课题正做到一半，思路就被打断了；有时刚想处理邮件，"突如其来"的一份报告，直接让他忘记了邮件的事，在想起来时，已经晚了。

在生活和工作上，多数人都有和Frank一样的烦恼：没有预约的客人、无端的申诉、无聊的电话干扰等，都会打断当下正在做的事，扰乱正常的思绪。

日本学者对于时间浪费进行过一次调查，结果显示：人们通常每8分钟会受到一次打扰，每小时大约7次，每天50到60次。平均每次打扰的时间大约是5分钟，每天被打扰的时间加起来有4小时左右，相当于工作时间的一半。其中，有3小时的打扰是没有意义和价值的，而在被打扰后重拾原来的思路，至少需要3分钟，每天就是2.5小时。这一统计数据明确显示：每天因打扰而产生的时间损失大约是5.5小时，按照8小时工作制算，占据了工作时间的68.7%！

多可怕的数据，多恼人的打扰！面对这样的现实，许多人会心生抱怨，把矛头指向外界，认为都是那些“不速之客”的错。可冷静下来想想：我们有可能生活在一个完全不干扰的环境中吗？我们能够去限制所有人的言行举止吗？这是不切实际的。

有句话说得好——我是一切的根源。在应对打扰这一问题上，不要指望他人主动作出什么样的改变，而是要回到自我管理上。简单来说就是，让别人知道你是什么样的人，你有什么样的目标和计划，你有什么原则；哪些事情你可以提供帮助，哪些事情你一定会拒绝。这是不战而胜的法则，比直接拒绝要高明得多，也有效得多。

那么，具体该怎么做呢？接下来，我们从打扰的来源、应对打扰的方式，以及应对各种不同打扰的方法从三个方面进行简单的说明：

·5P：找到打扰的来源

所谓的5P，就是打扰人们时间的最常见因素。

1. People——人。同事、朋友、上司，都可能成为工作时间中的打扰来源。请注意，不要把客户列入其中，客户的“打扰”往往隐藏着机会。

2. Phone——电话。

3. Paper——公文。信件、无价值的e-mail、文件、无用的名片等。

4. Peripheral vision——视力及所处环境干扰。眼花缭乱的办公室、办公桌周围的杂物。

5. Personal——自我打扰。开小差、与人聊天、打私人电话。

· 应对打扰的4种方法

1. 提前阻止——规定自己不受打扰的时间和情况，让他人了解你的工作和生活方式，知道你的原则和界限。

2. 委婉拒绝——不要有求必应，要学会善意、婉转地拒绝，不会拒绝就意味着你不了解的目标，不知道什么事情对自己来说是最重要的。

3. 适当推迟——让他人清晰地知晓你的计划，分清主次，把不太重要的问题适当推迟。

4. 尽量减少——为对方限制时间，清晰说明你能够给出的时间。

· 应对“people”打扰的策略

1. 思考清楚，谁是经常打扰你的人？确认之后，与他们沟通，说明自己的工作方法。牵涉到工作方面的事宜，说明遇到哪些情况要找哪些人，明确分工和职责；用开会的方式集中解决问题；养成员工独立思考和工作的习惯，不要事事都请示汇报。

2. 再次思考，经常因什么事被打扰？属于共性的问题，集中开会说明；制作一些书面说明，简单易懂，有不明白之处再沟通；减少完美主义。

·应对“phone”打扰的策略

1. 设置留言电话的时间段，既能兼顾业务，也便于自己集中时间做事。

2. 不要一有电话就接，你要相信，在一定时间不接电话或少接电话，天不会塌下来。这段时间，你要集中精力做事，保证高效。

3. 留出一段时间专门回复电话。

4. 回答的语言尽量简洁，少说无关的话题。

5. 根据工作节奏调整手机静音时间。

·应对“personal”打扰的策略

1. 清楚自己的价值观。

2. 清晰自己的目标，坚持并专注于此。

3. 管好自己的精力与情绪。

4. 了解自己的生物钟。

5. 不断记录、评估和修正。

猴子管理法则：不要替别人背猴子

不要害怕拒绝他人，如果自己的理由出于正当。当一个人开口提出要求的时候，他的心里根本预备好了两种答案。所以，给他任何一个其中的答案，都是意料中的。

——三毛

生活中有一类“老好人”，他们热情、善良、好说话，就像《芳华》里的刘峰，不管别人提出什么样的请求，都会尽力伸出援手。有时，甚至会把自己的私人时间挪用出来，为别人办事，只求得到一句“你人真好”的评价。在他们的字典里，是没有“拒绝”这个字眼的，仿佛拒绝了别人，就等于抹杀了自己的价值。

不可否认，善良的本质永远值得尊重。然而，甘当“老好人”的做法，真的理智吗？在力所能及的范围内，帮别人一个忙，既赢得了美誉，也融洽了关系。如果有些请求本身让你很为难，而你也有一堆事务缠身时，再去接受这些请求，就有点不理性了。

比尔·翁肯曾经提出过一个“猴子管理法则”，它告诉我们：

“每个人都应当照看好自己的猴子。如果你是一个珍惜时间的人，就不要随随便便去接别人扔过来的猴子。如果有人总是把他的猴子丢给你，而你也接受了，那么你的生活和工作会变得一团糟，因为你要花费大量的时间去照顾别人的猴子。而且，如果你让每只猴子都爬到你的背上，不但对你不好，对猴子也不好。接受不合适的猴子，可能表示合适的猴子弧因为缺乏关注而憔悴，但如果你说服别人照顾自己的猴子，并适时给予应有的关爱和注意，猴子就可能会变成很可爱的宠物，并带来喜悦，甚至是肯定。”

如果总是有人要你去背负他的猴子，或者别人的猴子正骑在你的背上，你该怎么办呢?

时间管理专家给出的建议是：虽然这个世界上到处都是“猴子”，但你能做的，只是挑选出一只你真正关心的即可。如果可以，让别人去照顾他们自己的猴子，如果他们不想处理，你也不应当试图解决别人的问题。偶尔伸出援手没什么，但千万不要让人以为，你可以随意接受任何人的猴子。这样的话，你才能够避免浪费自己的时间。

有一次，拿破仑·希尔想去拜访沃勒，就打电话给他，说自己想在假期的前一天见到他。然而，沃勒第一句话就直截了当地告诉拿破仑·希尔：“我最近很忙，但我会给你5分钟的时间，你有什么事情就说吧！”

拿破仑·希尔听后，尽量用最简单的话语来表明自己的一些看法，但还是超过了几秒钟。当希尔正准备说下一句的时候，沃勒打断了他：“对不起，博士先生，5分钟已经到了。我很尊敬你，但我必须要挂掉电话了，祝你愉快。”沃勒就这样挂断了电话，拿破仑·希尔无奈地摇摇头，苦笑一声，可他内心却很佩服沃勒的直爽。

学会说“不”，是对自己的尊重，也是一项重要的能力。很多人不好意思拒绝他人，究其根源，无外乎是以下几点原因：

· 接受请求比拒绝请求更容易。

· 担心拒绝之后触怒对方，破坏原本融洽的关系。

· 不了解拒绝他人请求的积极意义。

· 不知道如何拒绝他人的请求。

确实，拒绝他人可能会引起对方的不愉快，但绝不能因为有这样的担心就做出来者不拒的选择；也不能因为害怕破坏原本和谐的关系，就一直隐忍着委曲求全。事实上，不是所有的拒绝都会导致不愉快的结果，关键在于掌握拒绝请求的技巧，在一定程度内避免或消除上述的这些疑虑。在拒绝他人的请求时，不妨按照下列的步骤去做：

· Step1：认真听完对方的请求，哪怕听到一半时，就已经知道非拒绝不可，也要听对方把话说完。这样做是为了表示对拜托者的尊重，也是向对方表明，自己对事不对人。

· Step2：当时无法决定接受或拒绝时，可直接告诉对方还需要考虑一下，并确切告知自己所需要考虑的时间，消除对方误以为你在用考虑做挡箭牌。

· Step3：拒绝接受请求时，态度要诚恳，略表歉意。但是，说话一定要干脆，不能拖泥带水，让对方感觉到你是真的无能为力，同时也让对方有不再继续说服你的念头。

· Step4：亲自拒绝对方的请求，不要请第三者代劳，那样的话，对方会认为你态度不够诚挚，是在敷衍他。

总而言之，相互协作值得提倡，但前提游刃有余地处理好自己的事，集中精力处理好重要的事，而后有富裕的时间，在力所能及的范围内，再考虑接受别人的请求。别总是不好意思拒绝他人，当对方向你提出请求的时候，他已经做了两重准备，一是同意，二是拒绝。不做“滥好人”，才能逐渐脱离忙碌辛苦而无为的状态，把时间和精力置于最重要的事情上。

拒绝没意义的事，让时间物有所值

凡是想获得优异成果的人，都应该异常谨慎地珍惜和支配自己的时间。

——克鲁普斯卡娅

社会学家发现：人们经常会去做一些看似没有必要去做的事，即便他们自诩是一个坚定的工作者，内心充满了责任感，可依然还是会被一些没意义的小事吸引，难以自控地去做那些事，无形中浪费大量的时间。

我什么会出现这样的情况呢？就是因为，许多人没有时间观念，尚未真正了解时间的重要性，把时间随意消费在任何一件事上，无论它有没有意义，有没有价值，有没有必要。比尔·盖茨曾经说过，给所有人无限长的时间，都会成为世界首富。可惜，时间是有限的，多做无意义的事就会少做许多有意义的事，所以请对自己负责。

时间和生命都是自己，做什么样的事，对等的就创造出什么样的价值。如果想让工作和生活有所改观，就要做出一些必要的调整和疏离，尽量过滤掉那些没有任何意义的事情，特别是在工作的时间内，更要保证自己花掉的每一分钟都物有所值。

如何才能避免在一些没有任何意义的事情上浪费时间呢？换而言之，如何区分哪些事情是没有任何意义，需要果断拒绝和过滤的呢?

·没有必要去做的事

每个人都有自己的职责，也都在自己的职责范围内做事，如果总是去做别人该做的事，就会破坏工作原有的部署和计划。所以，在工作时，尽量专注于自身的岗位和工作，这才是你创造价值的地方，贸然插手别人的事，或是去做别人该做的事，没有任何意义。管好自己的事，不做没必要的事，是节省时间的重要方法。

·没有任何价值的事

谁都希望自己的付出能够创造价值，倘若无法实现这个目标，那就没必要浪费时间了。就像工作中偷偷玩手机游戏、聊天、刷微博一样，这些都是无法带来成就和实际利益的，应当果断地抛弃。

·会带来消极影响的事

有些事情不但无法带来益处，还会造成麻烦，这样的事一定要避免。比如，工作期间被一些琐事打扰，这些事没有任何意义，只会打乱工作节奏，破坏工作状态。所以，对于这些琐事要果断“隔离”，防止工作受到影响。

·成本大于收益的事

任何时间都是成本，我们在某一段时间内投入的精力和成本，一旦超出了该工作所能带来的收益，就证明这件事亏了，且通常都没有做的必要，最好拒绝。

·已经完成了的事

如果自己或他人已经做好了某件事，且结果还不错，那就证明这项工作能够榨取的价值已经很低了，或者说没有任何价值了。此时，就没必要再重复地做一次，不如用这个时间去做其他更有意义的事。

·错过最佳时间段的事

很多事都是有时效性的，只有在对的时间去做，才能产出最大效益。如果此前错过了这些事，已经产生无法挽回的结果，那就没必要再去刻意把握一次了，就算做成了这件事，也得不到什么收益了。

·风险大收益小的事

在选择做某件事时，我们都会考虑到风险和收益，并倾向于选择收益大、风险小的事，这样付出的时间和精力才更有价值。如果一个任务在执行的过程中，风险很大，收益很小，那就没有必要去冒险挑战，以免得不偿失。

对任何人而言，要明确每天该做什么、不该做什么，完全可以借助价值体系来评判，在这个体系中，最直接的一条就是效益（包括工作效益和时间效益），只要效益不好或没效益，那就要拒绝在这样的事情上浪费时间。总之，不管做什么事，都应当坚持一点：这件事必须有意义，在它身上花费的时间必须有价值，或是物质的收获，或是思想的提升，如果做了和没做一样，倒不如把时间省下来，留给那些有意义的事情。

做不来的事情，就不要浪费精力了

必须记住我们学习的时间是有限的。时间有限，不只是由于人生短促，更由于人事纷繁。我们应该力求把我们所有的时间用去做最有益的事情。

——斯宾塞

有个寓言故事里讲到，老母鸭带着小鸭子在草丛里找食物，小鸭子厌烦了母亲找的那些蚯蚓、小鱼，它想尝尝小鸟吃的那些五颜六色的虫子。老母鸭宠溺孩子，说只要小鸭子高兴，它愿意做任何事。结果，老母鸭就开始带着小鸭四处找虫子，看到一棵树上的叶子快掉光了，上面有不少绿色和黑色的毛毛虫，老母鸭就开始往上跳，想飞上去给孩子抓几条。结果，每次跳起来都踩不到树干，好不容易有一次跳上去了，结果没站稳又摔了下来。最后，老母鸭把自己弄得头破血流，在地上动弹不了才罢休。

明明是食草动物，明明没有翅膀，却偏要上树去捉虫子，结果不仅浪费时间，还让自己栽了跟头。类似这样的事情，在我们身边也经常会发生：有一些人很固执、很倔强，总想去“挑战”自己，不管自己能否做得来，也不管结果如何，都要去逞能一番。结果呢？不但事情没做好，反倒制造了更多的麻烦；不但没凸显出自己的能力，反倒背上了一口无能的黑锅。

公司派Andy到国外进行商务谈判，当时约定了要去五家规模不同的公司进行为期一周的会谈，时间很紧张。为了获得更好的结果，Andy首先选择了那家发展规模最大、实力最强的企业进行洽谈。然而，谈判进行得并不顺利，由于对方是跨国公司，一直希望能够借助自己潜在的合伙伙伴的力量来拓展中国及亚洲的市场。所以，它自然希望合作伙伴有强大的实力和市场资源，抑或丰富的商业渠道，可是Andy所在的公司显然无法满足这些条件，因而没能博得对方的青睐。

Andy没有认真分析情势，他总觉得，只要把握住和对方的合作机会，就能借助他们的实力快速打开欧洲市场。带着这一厢情愿的想法，整个谈判工作进展得很慢，可Andy却死不放手，认为还有反转的机会。为此，Andy又在这家公司逗留了两天，直到对方明确告诉他，这次谈判就此终止，他才心灰意冷地离开。

由于在这家跨国公司身上浪费了太多的时间，Andy已经没有足够的时间去跟剩余的几家公司认真商谈了。最终，这场欧洲之行以失败收场。回国之后，Andy也因办事不利而遭到了领导的批评。

我们能够看得出，Andy的初衷是好的，但他犯了一个严重的错误，就是没能及时看清自己的实际能力，没能根据局势变化做出合适的选择，致使自己在一些无法完成的任务上浪费了大量的时间，从而影响了其他的工作。

大家都经历过考试，也清楚它的规则：要在规定的时间内，以自己的能力去解答一张试卷上的题目。从愿景上来说，我们想力争回答每一道题目，将整张试卷填满，但从现实的角度来看，除非你对所有的题目都很熟悉，能在限定时间内把答案跃然纸上，否则的话，真的很难做到。面对现实，最恰当的做法就是，尽量先做简单的题目、会做的题目，跳过和放弃那些难以解答的题目。

如果你在一道不太理解的难题上花费大量的时间，就会影响其他一些简单题目的解答，最终的结果就是：不会做的空着，会做的没时间做；该丢的分丢了，不该丢的分也丢了。倒不如，果断地放弃那些不会做的题，这是最直接的时间管理法，能够有效地减少时间的浪费，也为其他在自身控制和能力范围之内的题目赢得更多的时间。

从心理学角度来说，越是自己无法解决的问题，越是想去解决；越是得不到的东西，越绞尽心思去争取。这样的心理机制，对于时间管理而言是一个弊病。对任何人而言，时间都是有限的，一天的工作时间可能达到16个小时乃至更多，但如果把时间耗在那些根本做不到的事情上，整体的工作就会停滞，其他工作所需的时间也会被挤压。

这就导致我们事先制订了工作计划，并严格按照每天的任务清单来工作，坚持做完一件事再去做另一件事的原则，依照这样的顺序，能确保工作思路不被打断，可问题是，有些计划之内的事情，可能会超出预先的估计，无法顺利解决。此时，原有的计划就要做出调整和改变，应当将这份工作交给更有能力的人去做，倘若不及时放弃，后面的工作进度必然会受到影响，无法按时完成。

从时间利用的角度来说，适当的取舍非常必要。因此，在做事的时候，有一些原则是我们应当遵从的，这会有效地帮助我们减少阻碍，提高时间的利用率，加快任务的完成。如何安排好时间，做出适当的取舍呢？

· 不做无用功

如果是自己做不了的事情，宁肯放弃，也不要逞强。逞强地去做都是无用功，到头来，不但影响事情的进展，也会影响自己的信誉。

· 不好高骛远

少一些不切实际的想法，不要希冀着做出惊天动地的事情，从而引来他人的仰慕，成为众人的焦点。伟大的事业都是熬出来的，需要点滴的积累，有一个从量变到质变的过程。如果总是好高骛远，不但得不到那些不切实际的东西，还可能失去眼前拥有的。

· 做能做的事

如果能力强，就去做大事情；如果能力不足，就做点力所能及的事。无论事大事小，重要的是能体现自己所做事情的价值。我们都不是圣贤，难免会做错事，但要尽量避免白做事做傻事，更不能做坏事。那样的话，就是在浪费时间和生命。

总之，无论做什么，都不要去逞能，这是费时又费力的选择。把这些时间充分用在自己会做的、能做好的事情上，多创造一些价值和效益。

07月

改变做事的方式

真正重要的事往往不紧急，
紧急的事情往往不重要

四象限法则：分清事务的轻重缓急

良好的方法能使我们更好地发挥天赋的才能，而拙劣的方法则可能妨碍才能的发挥。

——贝尔纳

时间会有终点，生命会到尽头。如果你总期待自己做事面面俱到，事事优秀，想让人生的每个阶段都在别人的掌声和鲜花中度过，那么很遗憾，这恐怕不是人力可为的。很多时候，真相往往是这样，你越想把什么事都做好，就越是手忙脚乱，一事无成。

既然精力有限，那么时间就要用来分配，用来选择，什么事情必须做好，什么事情可以做好但是不那么紧急，什么事情紧急但是不那么重要，什么事情可有可无？这些分类看似简单，实际上却需要人为地去判断和筛选。

著名管理学家科维提出的一个时间管理理论，即把工作按照重要和紧急两个不同的程度进行划分，基本上可以分为四个象限：既紧急又重要、重要但不紧急、紧急但不重要、既不紧急也不重要。我们每天要面对的事情，全部包含在这四个象限中。下面，我们就这些情况逐一进行分析：

·紧急又重要的事

这类事情是你最重要的事，而且是当务之急要解决的。它们可能是你实现事业和目标的关键环节，也可能与你的生活息息相关，比其他任何一件事都值得优先处理。唯有先把这些事合理、高效地解决掉，你才有可能顺利地进行其他工作。

·重要但不紧急的事

这类事情需要自发的主动性、积极性和自律性。可以这样说，一个人处理这种事情的结果，直接决定着他对事业目标和进程的判断能力。生活中，大多数较为重要的事都不是很紧急，比如培养感情、节制饮食、读几本有用的书。这些事情关乎着我们的家庭、健康、个人学识，当然是重要的，但它们并不紧迫。也正因为此，很多时候我们才一直拖延着，甚至一直拖延下去。直到有一天，看到了不好的结局，才后悔当初为何没有早点重视，早点解决。

·紧急但不重要的事

这类事情在生活中很常见。比如，你刚刚准备埋头工作，突然间电话铃响了，是你的朋友约你去看电影。你不好意思拒绝，就只好放下工作跟他去了。等回来之后，你觉得很累，再看见桌子上的工作资料，才发现重要的事情还没做。可这时候，你的思绪已经不在工作上了，需要一段时间来缓冲，才能进入工作状态。工作中很多任务被拖延，就是因为这些紧急但不重要的事干扰的。

·既不紧急也不重要的事

从字面意思可以看出，这些事情既不紧急也不重要，那就不值得花费时间去做。一个人的时间和精力是有限的，这样的事能不做就不做。比如，看电视、听音乐、玩游戏。如果确实需要做，那就限定时间，比如写博客限定一小时，看电视一小时，时间一到就马上停止，不要被这些琐碎且无关 紧要的事缠住。

了解了事情的分类之后，就要知道该把主要的精力放在哪儿。很多人在1和3之间徘徊，误以为紧急的事就是重要的事。事实上，如果紧急的事对于完成某项重要的目标没有丝毫帮助，那就要把它放在紧急但不重要的事中。举个简单的例子：住院开刀，这是紧急又重要的事，必须在最短的时间内完成，这有助于健康；如果是朋友邀约马上出门逛街，确实紧急，可它并不太重要，对你完成工作丝毫没有益处，那它就算不上重要的事。

一般来说，紧急且重要的事，不会花费太长时间，比如打一个重要的电话，发一个重要的通知。真正耗费时间，耗费精力，容易导致人拖延的是那些重要但不紧急的事。它们通常是一个长期的规划，一项长远的目标，我们要把时间放在这些事情上，如果不能合理利用时间，那么到最后，这些事就会上升为“重要又紧急的事”，可在时间上却又难以完成，给自己带来巨大的麻烦。

六点优先工作制：理出6件最重要的事

仅仅做好事是不够的，还必须采取正确的方式。

——约翰·莫利

美国伯利恒钢铁公司总裁理查斯·舒瓦普在公司濒临破产之际，找到效率大师艾维·李寻求帮助。艾维·李花费了半小时的时间，听理查斯向他诉说公司的遭遇和处境，而后他说："我能提供一种有效的方法，保证你的公司在10分钟之内就提升50%的业绩。"可想而知，理查斯根本不相信，他认为对方并没有理解公司目前的处境有多么糟糕。

艾维·李看出了理查斯的顾虑，他拿出一张白纸，让理查斯写出明天要做的事。他希望，理查斯可以每天把要做的事写出来，然后用"1、2、3、4、5、6"标出6件最重要的事。

理查斯·舒瓦普花费了5分钟的时间照做了。接着，艾维·李让理查斯对这6件事的重要性进行排序，弄清楚哪件事必须先做，哪件事后做。理查斯又花费了5分钟照做了，然后，艾维·李说："这张纸就是我要给你的。"他还嘱咐理查斯，明天工作一开始，就先全力以赴地做好标号为"1"的事情，直至完成，再竭尽全力去完成"2"号事情，以此类推。

艾维·李认为：通常情况下，如果一个人每天都能全力以赴地完成6件最重要的大事，他一定是个高效率人士，或者会成为一位高效人士。事实证明，艾维·李是正确的。理查斯·舒瓦普在接受了他的建议后，很快将这个方法付诸实践。结果，他的公司只用了5年的时间，就从一家濒临破产的小钢铁厂，一跃成为当时全美最大的私营钢铁企业，艾维·李也收到了2.5万美元的咨询费。为此，管理界将这个方法喻为“价值2.5万美元的时间管理法”。

“六点优先工作制”是一个比较简单的方法，其核心内容就是：整理出6件最重要的事情，并排列好顺序。只要完成这6件最重要的大事，一天的工作时间基本上就得到了充分的利用。在这个方法中，最重要的是及时找出6件重要的大事，并做好顺序上的安排，以便直接地了解和控制自己一整天的工作，不至于在完成一项工作后不知道接下来该干什么，从而浪费时间，抑或者被其他的事情干扰。

有人认为，这个方法就是专注于解决每天的工作安排，实际上，这种理解是错误的。六点工作制是可以延展的，我们可将其用到目标管理中：先确定自己的长期目标和中期目标，再将这些目标分解成年度目标、季度目标、月目标、周目标；最后，把周目标分解成每天要做的事，再确定每天最重要的6件事。依靠这种划分法，即可直观地把握目标，且只要坚持做好每天的6件重要事项，周目标即可达成。接着，一层层地往上推，中期目标和长期目标都能达成。

在使用六点优先工作制时，有几个要点是需要把握的：

· 把最有效的时间，用在最重要、最有价值的事情上。

·对整个计划中要做的事情，分为紧急、重要、不重要、不紧急四类，最紧急、最重要的放前面，认真排序。

·提高工作效率，确保当日完成6件重要事件，不可拖延。

·明确标准格式，明确标准流程，每天的任务清单要按照标准格式来写。

·每天要做的事情，简洁描述即可，节省时间。

·完成一项任务后，可作出一个标记，并简单写下完成的原因。

成功就是简单的事情每天重复做，把简单而有效的东西练到极致，就会成为“秘诀”。练好六点优先工作制，你也可以成为时间管理大师。

田忌赛马式策略：巧用排序告别忙乱

我们不但要提出任务，而且要解决完成任务的方法问题。

——毛泽东

某公司的员工A在办公室负责内勤，虽然已经做了有一年多的时间，可总是觉得“不顺手”，时常出岔子。上周四，她的工作计划上罗列着一天要做的任务清单：

· 做出下个季度的部门工作计划，第二天上交给老板。

· 约见一位重要的客户。

· 11:30到机场接机，是五年未见的大学同学，将其送到酒店。

· 去一趟医院，开过敏症的药物。

· 到银行办理一些业务。

· 下班后与爱人一起吃饭，庆祝纪念日。

要做的事情就这些，但似乎从一开始就不太顺利。由于前一天睡得有些晚，A早晨起床迟了半小时，匆匆忙忙地打车到单位，可还是迟到了5分钟。一进办公室的门，就接到老板的电话，提醒她第二天必须要交计划书。

A打开电脑，上网查看自己的信箱，逐一回复客户和公司的邮件，不停地打电话答复分公司的询问。最后一个电话结束时，已经11：00了。她向上司请了一会儿假，匆忙地赶到机场，还好只过了十分钟，想打电话告诉同学的时候，才发现对方早上登机前已发过来短信，说飞机晚点了。

12：00见到同学，A送对方到酒店，一起吃了午饭。这顿饭吃得并不踏实，A心里想着14:50要见客户，所以一边吃饭一边跟客户约定地点。14:00的时候，她跟同学告别，赶到约定地点。由于花粉过敏，她在跟客户见面的时候不停地打喷嚏，连声道歉，弄得很尴尬。

回到公司，刚坐到工位上，想写一下计划书，银行打电话来催。赶到银行时，突然被告知需要加一份文件，气急败坏的她跟银行工作人员理论了半天，又回到公司去拿那份文件。办完了银行的业务后，临近下班只有1个小时了。她觉得很累，没有心思再写那份计划书，就先给同学打了一个电话，聊聊天释放情绪。整理完文件，她跟爱人去约会，一起吃晚饭庆祝纪念日，可是整个人的状态很不好，连连打哈欠。回到家后，爱人休息了，她泡了一杯浓浓的咖啡，坐在电脑前，赶着那份重要的计划书。

A的工作一直都处于这样的状态中，忙忙碌碌，火急火燎，却总是干不完活。她经常会跟家人朋友抱怨，说工作太辛苦，做内勤要处理很多的杂事。其实，我们作为旁观者，很容易看出来，不是A的工作任务太麻烦，而是她做事太缺乏条理，不懂得方法。

田忌赛马的故事，想必大家都听过——

赛马是当时齐国的贵族最喜欢的一项娱乐，上至国王，下至大臣，经常以赛马取乐，并以重金赌输赢。齐国大将军田忌多次与齐王和其他大臣赛马，但屡赌屡输。后来，经常为他出谋划策的孙膑给他出了一个主意，帮他转败为胜。

齐王和田忌分别要在上、中、下三等马中各选一匹来比试，一共比试三个回合，并约定每个回合获胜者可获奖金一千两黄金。当时，齐王的每一等次的马比田忌同样等次的马略胜一筹，因此，如果田忌用自己的上等马与齐王的上等马比，用自己的中等马与齐王的中等马比，用自己的下等马与齐王的下等马比，则田忌要输三次，因而要输三千两黄金。但是结果，田忌没有输，反而赢了一千两黄金。这是怎么回事呢?

原来，在比赛前孙膑建议田忌，用上等马鞍将下等马装饰起来，冒充上等马， 与齐王的上等马比赛。比赛开始，只见齐王的好马飞快地冲在前面，而田忌的马远远落在后面，齐王得意地开怀大笑。 第二场比赛，还是按照孙膑的安排，田忌用自己的上等马与国王的中等马比赛，在一片喝彩中，只见田忌的马竟然冲到齐王的马前面，赢了第二场。关键的第三场，田忌的中等马和国王的下等马比赛，田忌的马又一次冲到齐王的马前面，结果二比一，田忌赢了齐王。

从未输过比赛的齐王目瞪口呆，他不知道田忌从哪里得到了这么好的赛马。这时，田忌才告诉齐王，他的胜利并不是因为找到了更好的马，而是用了计策。随后，他将孙膑的计策讲了出来，齐王恍然大悟，立刻把孙膑召入王宫。

田忌胜出的关键不在于马匹，而在于排序方法。如果把这种方法用到工作中去，就可以最大限度地避免混乱的状态。我们还以A为例，在面对任务清单的时候，她其实可以换一种工作的方法。

· 前一天晚上睡前，把第二天要做的任务看一遍，做到心中有数，定好闹铃。

· 准时起床上班，先给各分公司打电话，请他们把相关的材料通过电子邮件发过来，且告知上午有事不能接受询问，下午会给予答复，而后给客户打电话约定时间、地点，且将地点安排在同学预定的酒店或附近的咖啡店里，再给机场打电话，确定班机到达时间。

· 给银行打电话，确认需要的相关手续和材料。

· 打完电话后，抓紧写工作计划，排除一切工作干扰，争取11:00前交给老板。

· 中午11:00前离开公司，拿上到银行的一切资料。利用飞机晚点的半小时，到医院开花粉过敏症的药。从医院出来，到机场接机，和同学好好享受午餐时光，而后到旁边的咖啡店和客户谈事情。

· 到银行办完手续后，回公司将上午各分公司的事务处理完毕。17:50到洗手间补一下妆，准备下班约会吃晚餐。

同样的工作任务，换一种方式来做，就能把焦头烂额变成从容应对，还能给自己留出不少的休闲时间。所以说，工作时要依据任务的规律、性质和事务之间的联系进行科学排序，切忌胡子眉毛一把抓，用最快、最好的办法来安排进程，才能保证工作与生活兼顾。

越是不喜欢的事，越要排到前面做

每天去做一点自己心里并不愿意做的事情，这样，你便不会为那些真正需要你完成的义务而感到痛苦，这就是养成自觉习惯的黄金定律。

——马克·吐温

美国心理学家简·博克说：“我们认为，人们之所以产生拖延的不良习性，是因为他们害怕。他们害怕如果行动了，他们的行为会让自己陷入麻烦。”

刚升为市场部经理的X，每天都觉得事情多到做不完。上司让他周一递交一份市场分析报告，他心里很清楚这件事的重要性，尤其是作为一个新上任的市场部总经理，这直接关系到公司对他个人的绩效考核。

然而，X打心眼里厌烦做市场分析，大量的资料和数据让他头疼，何况还有很多其他的工作等着他。面对这些事，X烦躁不已，他开始漫不经心地看业绩报表，布置市场开发任务。等把所有的工作都安排好之后，已经是周日了，这时他才想起做市场分析报告。

刚对着电脑一会儿，他就有了倦意，于是冲了杯咖啡；回到电脑前，朋友打来电话叙旧，又耽误了半个小时。他的思绪全被打乱了，脑子里一片空白，对着电脑不停地发呆。就这样，看看网页，写点东西，很快一天就过去了，他的市场分析报告才完成一半。

从潜意识的角度来说，X拖延时间是再正常不过的事，因为他内心抗拒这件事，不想做这件事，担心影响自己的绩效考核，所以他选择了拖延。不去做、没做完，就不必面对现实，至少不用那么快地面对现实。

有些时候，我们心里非常清楚，工作量不是很大，只是情绪中包含着太多的厌恶和抵触。因而，要完成一件自己不太喜欢的事，必须要对情绪进行梳理。厌恶一件事，可能是因为我们能力不足，或者工作本身超出了自己正常的工作范围，所以才会产生情绪上的抵触。如果真是这样，那我们必须要告诉自己：这件事是我所担心的，但我必须要面对。此时此刻，就是自己的承受力和压力之间的对峙。当人意识到一件事非做不可的时候，往往就会抛开担心，选择行动。

人都有一种习惯，根据事情本身的轻重缓急，然后根据具体情况选择不同的策略。这个思路显然没错，可实际情况却是，很多重要而不紧迫的事，往往因为时间要求不那么急，就一再被拖延着，始终没时间去做，甚至越拖越糟，到了不可收拾的地步。

对待厌恶的事宜，想不被拖延耽误，最简单的办法就是给它贴上重要的标签，将其放在精力最充沛的时间段去完成。当把这件事处理完后，那么到了中午时分可以稍作休息，继续下午的工作。想一想：最不喜欢、最不想做的事，都已经被处理掉了，心里该是多么的轻松？带着这样的心情去做其他事，会觉得是一种享受。

事实上，很多被厌恶的事情，往往是对人最有利的。人这一辈子最大的敌人是自己，最妨碍成功的是各种陋习。这些陋习来自于哪儿呢？就是内心不肯离开的“舒适区”。要戒除拖延自己厌恶之事的习惯，就要每天尝试着去做一些自己不太喜欢的事，慢慢地培养成习惯。

可能你不太喜欢做数据分析，看到数字就烦恼，但你的工作要求你必须接触它。面对这样的情况，不妨每天玩一会儿数独游戏，看看财经报道，慢慢消除对数字的抵触情绪。过段时间后，你会发现，做数据分析没那么痛苦了，也开始习惯优先处理它，因为做完这件事后，剩下的都是自己比较“喜欢”的事了，心理压力会小很多，拖延的问题也会减轻。

生活总不能让我们由着性子来选择，总得去面对一些不太喜欢的东西，做一些挑战舒适区的事情，过程充满了痛苦，可最终的结果却是美好的。那些看起来强壮、精力充沛、事业有成的人，也未必有什么地方明显于常人，可他们通常都有强大的自控力和意志力，能跟自己的不良习惯相抵触，不因心理上的厌恶而浪费时间。

这是一项重要的自我修炼，谁能做到，谁就是赢家。

做正确的事，比正确做事更重要

提出正确的问题，往往等于解决了问题的大半。

——海森堡

管理大师彼得·德鲁克在《有效的主管》里如是说：

“效率是以正确的方式做事，而效能则是做正确的事。效率和效能不应偏颇，但这并不意味着效率和效能具有同样的重要性。我们当然希望同时提高效率和效能，但在效率和效能无法兼得时，我们首先应着眼于效能，然后再设法提高效率。”

在这段话里，“效率”和“效能”，“正确地做事”和“做正确的事”，是两组并列的概念。在现实中，我们关注的重点通常是“效率——正确地做事”；可实际上，真正重要的却是“效能——做正确的事”。

正确地做事，无疑能让我们更快地朝着目标前进，但如果做的不是正确的事，那么所有的努力都变得毫无意义。“做正确的事”是战略统筹的问题，“正确地做事”是执行层面的问题。如果做的事情是对的，就算执行中有些偏差，结果也不会有大碍；倘若做的是错事，就算执行得很完美，结果也是南辕北辙。

森林管理员走进一片丛林，开始清除灌木丛。费尽千辛万苦，他清除完了这片灌木丛，刚直起身来准备享受一下辛苦劳作后的乐趣，却突然发现，旁边还有一片丛林，那才是真正需要他去清除的任务。由此可见，只知道认真、勤奋、努力，却没意识到自己真正需要努力的地方在哪儿，是要事倍功半的。

大量研究表明，在工作中，人们总是依据各种准则决定事情的优先次序。一项关于“人们习惯按照怎样的优先次序做事”的调研，其结果大致如下：

· 先做喜欢做的事，再做不喜欢做的事。

· 先做熟悉的事，再做不熟悉的事。

· 先做容易做的事，再做难做的事。

· 先做只需花费少量时间即可做好的事，再做需要花费大量时间才能做好的事。

· 先处理资料齐全的事，再处理资料不齐全的事。

· 先做已排定时间的事，再做未经排定时间的事。

· 先做经过筹划的事，再做未经筹划的事。

· 先做别人的事，再做自己的事。

· 先做紧迫的事，再做不紧迫的事。

· 先做有趣的事，再做枯燥的事。

· 先做已发生的事，再做未发生的事。

· 先做易于完成的事或易于告一段落的事，再做难以完成的事或难以告一段落的事。

·先做自己所尊敬的人或与自己有密切利害关系的人所拜托的事，再做自己所不尊敬的人或与自己没有密切利害关系的人所拜托的事。

上述的这些准则，只是多数人的思维习惯，但均不符合高效工作方法的要求。

从时间管理的角度来说，做正确的事情，往往能为我们的工作提供一种思路和方向，接下来，我们只需按照这个方向或目标去做事就行了。此时，我们是在一个相对稳定的方向上努力着。然而，把事情做对，仅仅是工作的一部分，虽然也强调了效率，可如果不能把效率用在正确的方向上，所谓的效率就只会造成更严重的伤害。

有时，选择比努力更重要。选择是方向的问题，选择错了，方向就错了，努力就成了白费。那么，该如何成为一个有重点、有方向、做正确之事的人呢？

·就自身的情况来梳理一些问题。你现在的专职工作是什么？你的目标是什么？有哪些因素会影响目标的实现？有哪些可用的工具和资源？应当做出哪些改变？

·确认自己在“做正确的事”。在行动之前，你必须确认自己正在解决的问题是否是正确的事？一定要搞清楚，你要处理的是不是真正的问题，方向是不是错了？有时忙碌起来，我们就会忘记做最重要的、最正确的事。

·掌握说“不”的技巧。任何干扰专注力的人和事，都要被抛在工作之外，不要让额外的要求扰乱自己的工作进度。

·过滤那些不重要的信息。碎片化时代，我们每天都会被大量的信息搞得疲惫不堪，分散注意力，为做正确的事带来干扰。因此，要学会过滤次要信息，把精力集中在重要的信息上。过滤信息时，不是非看不可的东西，那就不要看，这样可过滤50%的干扰信息；如果信息与近期内必须完成的工作有关，那就保留，反之，即可跳过，这样又可过滤25%的信息。

养成只做正确的事，时刻专注于有效的工作，工作效能将会得到大幅的提升。换句话说，唯有时刻忙在点子上，你才会取得好的结果，成为辛勤劳动的受益者。

08月

化繁为简的益处

将复杂的事情简单化，

重新思考生活中的一切

懂得化繁为简，才能拥有高效率

未来属于简单思考的人。

——约翰·斯卡利

一家杂志社曾经举办过一项有奖征答活动，高额的奖金吸引了大批的参与者，题目的内容很有意思：一个热气球上，载着三位关系着人类命运的科学家。第一位是粮食专家，他能在不毛之地甚至在外星球上，运用专业知识成功地种植粮食作物，使人类彻底摆脱饥荒；第二位是医学专家，他的研究可拯救无数的人们，使人类彻底摆脱诸如癌症、艾滋病之类绝症的困扰；第三位是核物理学家，他有能力防止全球性的核战争，使地球免于遭受毁灭的绝境。

由于载重量太大，热气球即将坠毁，必须丢出去一个人以减轻重量，使其余的两人得以存活。请问，该丢出去哪一位科学家？

征答活动开始后，社会各界人士广泛参与，一度引起了某电视台的关注。在收到的应答信中，每个人都绞尽脑汁，发挥自己丰富的想象力，阐述着他们认为必须将哪位科学家丢出去的原因。那些给出高深莫测的妙论者，并没有得到奖金，最终的获奖者却是一个14岁的男孩。

他给出的答案是：把最胖的那位科学家丢出去！

很多事情其实很简单，是我们把它想得太复杂了。长期以来，我们接受的普通教育和大多数训练都指导我们把握每一个可变因素，找出每一个应对方案，分析问题的角度应尽可能多样化。久而久之，我们就习惯了一种定式思维：最复杂的就是最好的。复杂化的问题从小就开始伴随着我们，成为我们生活和工作的一部分。

可很多时候，我们也会看到一些“特别”的人，他们做事又快又好、效率很高，似乎毫不费力就能把工作完成，根本无须加班，也不会忙得废寝忘食，从来都是轻松愉悦的。其实，这里面的秘密就是，懂得用脑子把问题化繁为简。

美国贸易委员会主席唐纳德在《提高生产率》一书中，曾经提到过提高效率的“三原则”：为了提高效率，每做一件事情时，应该先问三个“能不能”：能不能取消它？能不能把它与别的事情合并起来做？能不能用更简便的方法来取代它？

一家有名的日用品公司，换了一条非常先进的包装流水线，但不久后就收到了很多客户的投诉，他们抱怨自己买的香皂盒是空的，根本没有香皂。这件事情立刻引起了公司的重视，老板亲自召开会议，要求大家集思广益解决这个问题。

有人说，加强人工检查，把每一个装完的盒子拿起来，试一下重量。但经过实验，发现这种方法效率太低，且无法保证所有的盒子都装了香皂，公司还要花费部分人工成本。后来，他们请来一个由自动化、机械、机电一体化等专业的博士组成的专业小组来帮忙解决问题。专业小组的效率很高，用了很短的时间就在装配线的头上开发了全自动的X光透射检查线，透射检查所有的装配线尽头等待装箱的香皂盒，如果有空的就用机械臂取走。

问题解决了，大部分的空香皂盒都被取了出来，可是公司在邀请专业小组和装备的新检查机械方面却花费了高额的成本。

另一家生产日用品的小公司，在引进了这套包装流水线后，也遇到了同样的问题。老板吩咐流水线上的工人，务必想出一个解决策略来。有一个小工很快就想到了办法，他向公司申请买了一个有强大风力的电扇，把它放在装配线的头上去吹每一个肥皂盒，如果肥皂盒是空的，就会被吹走，这种方法既简单又有效。

同样的问题，一个花费了高额的成本、大量的人工，另一个却只用一台简单的风扇就把问题解决了。前者动用了知识渊博的专业人士，后者就是一个普通的工人想出的点子。这就印证了美国通用电气前CEO杰克·韦尔奇说的话："你简直无法想象让人们变得简单是一件多么困难的事，他们恐惧简单，唯恐一旦自己变得简单就会被人说成是头脑简单。而现实生活中，事实正相反，那些思路清楚、做事高效的人们正是最懂得简单的人。"

简化问题，避免冗繁是我们提高工作效率的重要途径。无论做什么事，最简单的方法就是最好的方法。追求简单，事情就会变得越来越容易。反之，任何事都会对我们产生威胁，让我们感到棘手，精力与热情也跟着下降。化繁为简，可以在有限的时间提高效能，逃离忙碌的苦海深渊，轻松完成任务。

四两拨千斤，用巧干替代蛮干

天下无难事，只怕有心人。天下无易事，只怕粗心人。

——袁牧

读书时，总会发现身边有些人特别“用功”，每天起得比谁都早，睡得比谁都晚，做题比谁都多，可成绩却总是不理想。工作后，还会看到一些人特别“努力”，从不迟到早退，做事一丝不苟，可几年下来，和他一同进入公司的人都升职了，他却还在原地不动。

这样的结局，的确令人遗憾。为此，也有当事人会发出怨叹：“看来，这辈子就不是读书的材料！”“看来，我只是一辈子劳碌的命！”他们在抱怨的时候，很少去主动思考：为什么自己会这样？为什么自己明明付出了，却没能得到相应的回报？

有句话说得好：“努力，不是机械的重复与蛮干。”学习和工作一样，都讲求方法。看书时间再长，若东西没有真正入脑子，那无疑是在做无用功；做的题再多，若没有突破自己的弱项，攻克没有掌控的知识，那也是徒劳。

L毕业后就进入一家杂志社做编辑，虽然自身文笔不错，但经验上有所欠缺，最初的半年里，他只是跟着老编辑学习，职位是编辑，可做的工作相当于助理。等到熟悉了流程，领导才让他独自负责一个版面。

按理说，L跟随老编辑的半年里，看到的、学到的已经不少，应当知道哪些地方需要特别注意，更应该知道做栏目要讲求新意。可到了实践上，他却显得很被动，总是照搬老编辑的思路，交上去的任务乍一看是挺“符合要求”的，可细细品读，却发现是“换汤不换药”，选取的内容平淡无奇，角度不新颖，读者的反应都很一般。

周围人看得出来，L的确很努力地在做事，每天加班加点的忙活，就连周末休息娱乐的时间都搭上了。然而，很多事情，并非努力就能代表一切，就能让人忽略一切。领导对他的工作态度很满意，可对他的业绩却不敢恭维。

一年下来，L因为自己的业绩不佳，主动提出了辞职。

俄罗斯有句谚语：“巧干能捕雄狮，蛮干难捉蟋蟀。”简单而朴实的话，却道出了一个真理，做事得讲究方法，不能机械的重复和蛮干。一丝不苟地执行领导交代的事情，本来是无可厚非的，也是值得提倡的；但想要攀到职业的高峰，只知道麻木地干活还远远不够。效率和业绩，一个也不能少，为了忙而忙，终究不是可行的办法。

用心用脑子去读书，纵然只读一遍，可书中所云你也能了然于胸。如果你只是习惯重复，重复已经看过无数次的单词，无数次的公式，却丝毫没有让那些知识化为实际的应用，那么不管背多少次，背得多熟悉，也还是不会用，解不开难题。

不管从事什么工作，都不能把自己变成一台麻木的机器，只知道流程，不讲求技巧。再简单的工作，也可以从中发现新意，从中挖掘到更深的东西；再复杂的工作，也不是非要日夜兼程、马不停蹄地加班加点熬着，完全通过思考找到最能提升效率的办法，记住这不是偷懒，而是智慧。

从现在开始，不要再让自己扮演呕心沥血的黄牛角色了，这个时代需要的是灵活的人才。抓住最佳的地方，巧妙地用力；抓住最佳的时机，巧妙地拨动，就完全可以实现“四两拨千斤”的境界。如此，才不会让自己赔了时间和精力，瞎忙活一场。

简化问题，抓住事物的关键点

将一个问题准确地界定，就等于解决了问题的一半。

——爱因斯坦

美国华盛顿的杰斐逊纪念堂前，有一堆造型别致的石头。最初，这堆石头被腐蚀得厉害，在很长一段时间里，让纪念堂的情结维护部门非常头疼。他们想过直接换掉，可这么做要花费大量的物力、财力，更重要的是会大大改变纪念堂的设计原貌。为了解决这个问题，很多专家都伤透了脑筋。

直到有一天，一个年轻的清洁工走进了主管领导的办公室，说他想到了解决的办法。领导有点儿不敢相信，对他投以疑惑的目光。见此情况，他开始平静地跟领导沟通想法。

“石头为什么会腐蚀？”

“当然是频繁清洗导致的。”

“为什么需要频繁的清洗？”

“你没看见那些鸽子留下了很多粪便吗？”

“当然看见了，但这里有很多蜘蛛可供它们觅食。”

“蜘蛛为什么往这里跑，而不去其他地方呢？”

“大概是因为……傍晚的时候，这里有很多飞蛾吧！”

“很好”，清洁工诡秘一笑，说，“那么，那您有没有想过，为什么这里有很多飞蛾？”

“噢，这个我倒是没有想过，大概是黄昏时纪念堂的灯光招来的吧？”

说到这里的时候，领导豁然开朗，他立刻命令推迟纪念堂开灯的时间。没有了灯光，飞蛾就不会光顾；飞蛾少了，蜘蛛也就少了；蜘蛛少了，鸽子自然也就很少来了……困扰了大家多年的问题，就这样轻而易举地解决了。

论学识和专业能力，专家们肯定更胜一筹，但真正解决问题的人，却是一个年轻的清洁工。这再次印证了一个真理：真的对一件事情上心，就算专业知识不够深，并不代表没有能力解决问题，重要的是能否抓住问题的关键。专家也好，学者也罢，若找不出问题的根源，再多的办法也是隔靴搔痒，无法起到釜底抽薪的作用。

1793年，守卫土伦城的法国军队叛乱。叛军在英国军队的援助下，把土伦城护卫得严严实实，前来平息这次叛乱的法国军队使尽了浑身解数，也攻不下这座城。土伦城四面环水，且有三面都是深水区，英国军舰一直在水面上巡弋着，只要法国军队一靠近，立刻就猛烈开火。法国的军舰远不如英国的军舰，根本无计可施，法国指挥官急得像热锅上的蚂蚁。

就在这时，法国军队中有一位24岁的炮兵上尉，突然想到了一个办法，他用鹅毛笔给指挥官写了一个字条：“将军阁下，请急调100艘巨型木舰，装上陆战用的火炮代替舰炮，拦腰轰击英国军舰。”指挥官一看，连连称赞，随即就下了命令。

果然，这种“新式武器”一登场，立刻就让英国舰艇败下阵来。仅仅两天时间，原本把土伦城守护得像铜墙铁壁一样的英国军舰，就被打得七零八落，狼狈而逃。叛军见状，也很快缴械投降。

经历了这一场战役后，那位年轻的上尉被提升为炮兵准将。你知道他是谁吗？他就是后来成为法国皇帝、威震世界的拿破仑。

拿破仑的成功完全在于他在最为关键的地方动了脑筋，用了心思，为军队找到了突破难关的方法。这也在提醒我们，抓住问题的关键，才能在最短的时间内有效地把握主动，在危机中找到转机，顺利解决问题。

最节省时间的做法是一步到位

由于你不可能做到你所希望做到的一切，因此，你就应当做到你能够做到的一切。

——泰伦底乌斯

著名的质量管理大师克劳士比，始终提倡一个工作思想：第一次就把事情做对！

克劳士比指出，管理层必须不断地通过找出做错事情的成本来衡量质量的成本，这种成本也被称为不符合要求的成本。为此，他创立了这样一个公式：质量成本（COQ）=符合要求的代价（POC）+不符合要求的代价（PONC）。所谓“符合要求的代价”，就是指第一次把事情做对所花费的成本，而“不符合要求的代价”就是管理层意识到浪费成本的存在，从而确定要改进的方向。

当年，克劳士比先生应一位著名企业家的邀请，去该企业做咨询。这位企业家对克劳士比先生抱怨说，自己平日太忙了，根本都没有时间去赚钱。问及原因，才知道是他的工厂总是无法按期完成生产计划，总是延期发货，客户们为此有很大意见。为了赶工期，他不得不新招聘400名工人加班加点地工作，可生产进度依然赶不上增加的订单。

克劳士比先生到他的工厂进行了一番考察：那是一家非常现代化的企业，厂房明亮，规划整齐，生产设备也很先进，有7条装配线能把不同的部件组装在一起，且每条装配线的尽头都设置了检查站，一旦哪个环节出现问题，质检人员就会记录在一张单子上。然而，几乎每台机器都会在某个环节出现不同程度的问题，出现问题的产品被送到返工站，那里搭建了几个工作间，由最有经验的工人负责返工的工作，返工之后产品就能够出厂，发给客户了。

考察的整个过程中，克劳士比先生一句话也没说。午餐时，企业家终于忍不住了，他问克劳士比先生："有什么办法能把返工的次数减下来吗？"说着，他还列举了一些难以规避和解决的问题，如机器在生产过程中不可能没有失误；工人们都很敬业，为了返工可以工作到夜里12点，已经是极限了；技术上的改进在两年内实现不了，等等。

克劳士比先生笑了笑，说："实际上，我给的建议很简单——取消返工区，您不妨一试。"

企业家摇摇头说，说道："取消返工区？先生，您是在开玩笑吧？这样的话，返工的产品在哪里重新修复加工呢？要知道，返工的产品占全部产品的30%！"

克劳士比告诉他，其实只需要做一件事，就能把所有的问题都解决掉，而且以后永远都不会出现返工。企业家不相信，称不可能有这样的情况。克劳比先生没有说话，只是拿出了纸笔，写下这样的建议：

· 关闭返工站，让在那里工作的人都回到各自的生产线当中去，做指导员和培训员；

·在生产线尽头摆上三张桌子，让质量工程师、设计工程师和专业工程师各管一张；

·将出现的缺陷按“供应商的问题”“生产过程中产生的问题”“设计的问题”进行分类，并且坚持永远、彻底地解决和消除这些问题。

·将机器送回生产线修理。

·建立“零缺陷”的工作执行标准。

虽然心里有些疑惑，可企业家还是按照克劳士比先生的建议进行了改革。结果，他们发现了许多管理问题，比如：订购零件时只看价格高低，忽略了质量；没有对生产线的工人进行很好的培训；有的人接受了这样一种观念，就是一切都需要返工……几个星期以后，他们的生产进度发生了质的飞跃，无论订单如何增加，总能按时或提前完成任务。

不仅如此，他们还在车间设立了一个标志板，上面写着生产无故障、无缺陷产品的天数。随着时间的推移，这个数字越来越大，甚至连他们自己都不敢相信。而且，他们还学会了检查新产品的方法：工人一边装配，一边将出现的问题提出来并解决掉。工人们再也不必每天加班到夜里12点，而且按时上下班，也有更多的时间去享受业余生活。

最让他们高兴和自豪的是，由于企业生产速度很快，提供的产品质量稳定，性能可靠，很快他们就占据了本行业最大的市场份额。日本人原本已经进入了这一市场，但因为看到了该公司的领先水平，最终选择了退出。这家企业也成了所属行业中第一家打败日本企业的美国企业。

回顾整件事，在克劳士比先生提出取消返工区时，几乎所有人都觉得这是不可能的，因为在他们看来，“第一次就做好”是一个理想化的状况，不可能在现实中发生，谁也不可能在第一次就制造出零缺陷的产品，尤其对他们这样的企业来说，更是奢望。

可实际情况又是怎样的呢？“第一次就做好”没有想象的那么难！此后，他们先后兼并了七家工厂，这些工厂也都采取了同样的管理办法。即便是那些只有小学文化水平的人，也一样做到了“没有返工区”的要求，且每家工厂的利润都翻了10倍以上。

把事情做对做好有很多机会。如果一项工作有十次做对的机会，第一次没做对，第二次没做对，第三次没做对……到第九次做对了，结果是对了，但相比第一次直接把事情做到最好，却浪费了大量的时间。当一件事情是有意义的，且具备了把它做好的条件，为什么不一次性就把它做好呢？这才是最节省时间、最高效的做事方法。

09月

享受专注的心流

全身心地投入所做之事，

找到自己的心流模式

谁足够专注，谁就能创造时间

世界上最大的浪费，就是把宝贵的精力无谓地分散在许多事情上。人的时间、能力和资源都是有限的，不可能面面俱到。

——福柯

莫泊桑年少时，跟随舅父去拜访一位好友，此人就是著名作家福楼拜。

舅父希望福楼拜能够做莫泊桑的文学导师，可莫泊桑却一脸傲气地问福楼拜："我想知道，您到底会些什么？"福楼拜没有直接回答，而是反问莫泊桑："你会些什么？"莫泊桑得意地说："我什么都会，只要你知道的，我都会。"

福楼拜笑了，对莫泊桑说："那你就跟我讲讲你每天的学习情况吧。"

莫泊桑自信地说："我每天上午用两个小时读书写作，用另外两个小时弹钢琴。下午用一个小时向邻居学习修理汽车，用三个小时练习踢足球。晚上，我会去烧烤店里学会如何制作烧鹅，星期天则到乡下种菜。"说完之后，莫泊桑更是得意，他反问福楼拜："先生，您每天的工作情况又是什么样的呢？"

福楼拜说："我工作比较单一，为了不让自己分心，每天上午用四个小时读书写作，下午用四个小时读书写作，晚上还会用四个小时读书写作。"

莫泊桑有点儿不解，问："难道您就不会其他的了吗？"

福楼拜没有回答，而是接着问："你最擅长什么？或者说，哪件事情是你做得最好的？"

这一问，竟然难住了莫泊桑，他不知道该怎么回答。于是，他又问福楼拜："那么，您的特长是什么呢？"

福楼拜说："专注于写作。"

莫泊桑这才领悟，原来福楼拜的成功就是源自于专注。自此，他开始拜福楼拜为文学导师，把大量的时间和精力用在读书写作上。

太阳普照着万物，可任它再怎么发光发热，也无法点燃地上的柴火；如果拿着一面小小的凸透镜，只要让一小束阳光长时间地聚集在某个点上，即使在最寒冷的冬天，也能把柴火点燃。这说明什么呢？强大的力量分散在诸多方面，会变得丝毫不起眼；微弱的能量集中在一起，却能创造意想不到的奇迹。世界上所有令人瞩目的成就，都离不开"专注"二字。

惠普公司前CEO奥菲丽娜说："人生是一个不断剔除枝叶、走向主干的过程。"

过多的枝叶会影响我们成为参天大树的进程。朝三暮四，东一榔头西一棒子，耐不住性子进行专业能力积累，抱着投机侥幸心理，到头来都只是"只开花不结果"。况且，现代社会的分工越发明确，岗位也越发细化，一个人的时间和精力是有限的，很难成为一个什么都懂的全才。倘若各方面都涉猎，就缺乏了专注力，其结果就是做什么都不到位。那些获得成功的人，不是时间比别人充裕，机会比别人多，而是他们把时间和精力专注在了"刀刃”上，省掉了那些无谓的东西，为自己的目标“创造”了时间。

很多人问王永庆：“你为什么会成功？”

王永庆说：“其实成功最基本的就是要全心投入、专心专注，唯有如此才能体会到工作的乐趣，才能克服浮躁，忘记艰辛和烦恼，这时工作带给你的不仅是业绩和回报，还有智慧的灵感和潜力的迸发。人生多由挫折和困顿构成，而工作蕴含着一种改变的力量，它能帮助你战胜挫折，克服困难，给人生带来喜悦和希望。”

很多人问扎克伯格：“你为什么每天总穿着同一件T恤？”

扎克伯格说：“我有许多长得一样的灰色短袖T恤。我想让生活尽量简单一点，不用为做太多决定而费神。这样才能把精力集中用在更好地为社会服务这些重要的事情上。我真的很幸运，每天醒来都能为全球逾10亿用户服务。如果我把精力花在一些愚蠢、轻率的事情上，我会觉得我没有做好我的工作。”

专注，其实有两层含义。

广义上说，是专注于一个领域、一个行业、一门技术。人的精力毕竟是有限的，穷尽全力往往也很难掘得真金。在有限的生命里，能够专注于一个专业，朝着一个目标做精、做深，比那些多才多艺的人更容易做出成绩。狭义上说，是专注一件事，认真不分心。

前者更倾向于对人生和职业的规划，而后者更倾向于做事的方法。卡耐基在对100多位在其行业获得杰出成就的成功人士进行分析之后，发现了一个事实：成功人士都具有专注于一件事情的优点，至少在一段时期里要专注于一件事情。

很多时候，我们所谓的累，多半都不是身体上的累，而是心累。如果能够专注一点，细致一点，所有的想法都围绕着一个点，不去思考与之无关的任何东西，自然会感到时间没那么紧迫，也能收获一份平心静气。

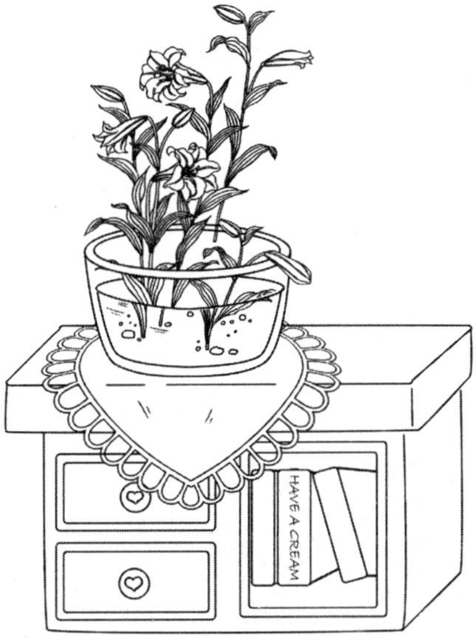

重视工作时间内的每1分钟

时间是衡量事业的标准。

——培根

时间对每个人来说都是公正的，一天24小时不偏不倚。可就工作而言，每个人一天的有效时间都不一样，有人能在8小时内超额完成任务，有人加班加点也干不完活。为此，许多企业管理者都发出质疑：“是能力的问题吗？”

我们不排除能力的问题，但这绝非最主要的问题，对多数事务性工作者来说，工作的内容就是一个熟能生巧的过程，最初由于不熟悉效率低一点，也是情有可原的。问题是，许多经验丰富的老员工，也未见工作效率有多高，俨然这就要考虑态度和工作方式的问题了。

有个词叫“磨洋工”，不知大家听过没有？就是指消极怠工、只出工不出力的现象，原本10分钟就能做好的事，非要拖到半个小时。试想一下：如果每件事都这样慢吞吞地做，会浪费多少时间？如果每个人都这样慢吞吞地做，会降低多少效益？

人生有多少时间可以浪费？我们不妨做个假设：一个人能健康平安地活

到80岁，他这辈子大概拥有70万个小时。假如工作40年，工作的时间大概是35万个小时，即约1.5万天。刨去睡觉、休息的时间，还剩下多少生命？大概也就是2万个小时。

生命就是以时间来计算的，浪费时间就是在浪费生命。

工作的时候慢慢悠悠，拖拖拉拉；休息的时候上网聊天、消磨时光，你不以为然，觉得没什么大不了。可是别忘了，当你虚度时间的时候，有些人正在努力丰富自己，丰盈生命。直到某一天，你发现对方升了职、加了薪、当了老板，生命的轨迹与自己完全不同时，你大概不会想到，这些差距就是在你不经意间浪费的分分秒秒中产生的。

美国著名的思想家本杰明·富兰克林，曾经说过一段经典名言——

“你热爱生命吗？那么别浪费时间，因为时间是组成生命的材料。记住，时间就是金钱。假如说，一个每天能挣20元的人，玩了半天，或躺在沙发上消磨了半天，他以为他在娱乐上仅仅花了6元钱而已。不对！他还是掉了他本可以获得的20元钱。记住，金钱就其本身来说，绝不是不能升值的。钱能省钱，而且它的‘子孙’还会有更多的‘子孙’。如果谁毁掉了最初的钱，那就是毁掉了它所能产生的一切，也就是说，毁掉了一座财富之山。”

当年，富兰克林的书店里来了一位男顾客，面对售价1美元的图书跟店员讨优惠，最后还提出要让富兰克林亲自处理这件事。然而，富兰克林直接告诉他，此书最低售价1.25美元。男顾客不解，为何最低售价比原来还要高？富兰克林给出的回答是：“我情愿倒贴你1美元，也不想离开我的工作。”

男顾客有点吃惊，想早点结束这场“谈判”，再次问了一下最低价。没想到，富兰克林竟然说1.5美元。男顾客什么也没说，只好默默地把钱放在柜台上，拿起书走了。他用这件事给男顾客上了生动的一课，让他明白时间也是金钱。

当你在虚度工作时间的时候，你有没有想过：你正在浪费公司的资源，你正辜负着老板对你的信任，你没有真正对自己和工作负起责任，你在耗费自己的生命？你对待工作的态度，直接决定着你的人生高度。

台湾作家林清玄写过一篇散文，名曰《和时间赛跑》，里面有这样一段话：“每一次我完成了比赛，我快乐得几乎无法形容。那种小小的快乐似乎让我体会到了战胜时间的快感。我知道我从来跑不过时间，但有时候我们可以让自己比原来快一点点。如果你够快，有时候可以比原来快好几步，那几步可能很小，但是意义却很大。假如一直和时间赛跑，谁能保证自己不会比别人先成功一步呢？”

是的，没有人能够跑赢时间，但这并不妨碍你把事情往前挪一挪。如果老板要求你10点钟把文件交给客户，你可以选择9点钟完成，这样的话，11点钟需要完成的任务就能够顺利挪到10点钟。当你发自内心地重视时间的价值，愿意和时间赛跑时，你总能高效地完成任务，给自己和企业带来更大的收益。

不虚度工作中的每1分钟，重视时间的价值，对工作心存敬畏，既是一种负责任的态度，也是一种自我管理的能力。唯有杜绝时间的浪费，时刻考虑到工作效率，才能比别人创造更大的价值和收益。

别为凌乱的小岔子荒废时间

我此刻正在做的事，就是我一生中最大的事，不管是在指挥交响乐团或剥橘子。

——托斯凯宁尼

有一位互联网公司的运维工程师，说话很是幽默，什么事情从他嘴里说出来，都让人觉得颇有一番趣味。前些天，提起自己的本行“互联网”，他说：“网这个东西，让很多人创了业，也让很多人失了业；让很多人赚了钱，也让很多人败了家。”

听到他的总结，周围的人纷纷对他的精辟总结竖起大拇指，虽然只是简单的几句话，可涵盖的信息量却一点也不少。互联网成就了阿里巴巴，让马云成了首富，这是有目共睹的事实，没错吧？可互联网也让很多人成了游戏狂、淘宝控，患上严重的拖延症。如果只在业余时间消遣一下倒也没什么，可怕的是它不知不觉偷走了时间和人生。

记得微博上流传过这样一个段子：“如果你看到某作者、编辑或编剧一大早就开始在微博上乱转悠，自己刷屏，还逮啥转啥，哪有事儿哪儿到，嘴欠得要命，那就说明此人交稿子、交专栏、交本子、交版面的死限乂要到了。”

其实，这何止是某作者、编辑和编剧的工作状态呢？不夸张地说，这样的场景描述戳中的是数以万计的拖延症患者的心。每天朝九晚五地忙碌着，眼见一整天不曾离开工位，可临近下班时才发现，重要的事情基本上没有任何进展。至于时间，全都用在那些无关紧要，甚至是没有用的聊QQ、逛淘宝、玩微信上了。

W是一家公司的销售助理，能说会道，人也机灵，入职后的工作表现一直不错。每天早上到公司后，他都要先处理一下邮箱里的信件，有时还会上网查点资料，虽不算太累，可也挺费神，丝毫不得马虎。

有时觉得烦了，W就会上网看看新闻和娱乐八卦，这可比处理那些琐碎的事情有趣了。不过，鉴于自己还在试用期，W也只是偶尔为之，担心被同事和老板看见，给人留下不专心工作的印象。渐渐地，他发现其他同事也有类似的行为，并且大家不太关注他平时做什么，他就松懈了，开始堂而皇之地在网上跟朋友聊天，诉说工作中的苦闷心情。遇到经理视察时，他会迅速关掉网页，拿起电话故作联系客户的样子。

某天，他正在论坛回帖的时候，经理从旁边走过，他迅速地关掉了网页。几秒钟后，经理突然转身过来，问他："你在忙什么呢？"W忐忑不安地说："噢，正打算做销售报表。"经理说："现在的工作量没有增加，可你的效率却比以前低了，还经常得加班加点。是不是最近身体不舒服，还是其他原因？"

W一时间不知如何作答。经理拍了拍他的肩膀，继而对所有员工说："如果有谁身体不舒服，或者是家里有事，可以请假休息，我不赞同大家带着病或是情绪工作。如果没有特殊情况，那我希望大家在工作时专注一点，不要做任何与工作无关的事。一旦你走神了，就不可能马上回归工作状态，总需要一个过渡期，这样耽误的时间积累起来是很可怕的。”

尽管经理没有指名道姓地批评W，可W的脸却已经涨得通红。

上班时间走神开小差，一个看似不起眼甚至容易被忽略的习惯，实则是平庸与优秀之间的分水岭。不重视工作时间与效率，不能专注地做事，养成闲散怠慢的陋习，会错失很多被重用的机会。那些卓尔不群的人，通常都有超强的自控力，他们在做事时不会允许凌乱的小岔子搅扰自己的专注，更不会拖延开始工作的时间，通常都会提前几分钟进入状态。

一位女员工曾在某知名企业做办公室文员，做事很勤奋，每天都是提前来公司。她在办公室待了一年，就被老板提升为经理助理，协助经理做一些日常工作。在新的岗位上，她依然很勤奋，每天都是第一个来公司，把任务清单上的工作内容看一遍，明晰当天的工作内容，提前把需要的文件打印好。当别人踩着上班点走进公司时，她已经把一切准备就绪，专注地开始了一整天的工作。

难能可贵的是，她的电脑桌面上除了一个工作的MSN，没有私人QQ、论坛、购物网站的界面，就连私人电话都很少接听。她说：“我不喜欢在工作时被其他事情干扰，这会打断我的思路，影响工作的状态。”正因为如此，经理对她的评价很高，说：“她是我聘用过的所有助理中，办事效率最高的。”现在的她，已是该企业一家分公司的中层了。

有专注才能有效率，有效率才能出业绩。当你决定开始做事的那一刻起，把有限的时间、精力和资源都聚焦到要做的事情上，聚精会神、心无旁骛，排除一切杂念和杂事的干扰，朝着愿景中的目标努力。你若能做到这一点，拖延自然也就无处遁形了。

把注意力收回到自己身上

你可以从别人那里得来思想，你的思想方法，即熔铸思想的模子却必须是你自己的。

——拉姆

在有限的时间内，为什么总有人能做好该做的事，还有空闲去提升自我；而有些人拖拖拉拉，效率低下，紧赶慢赶都完不成预先的计划呢？

加拿大学者皮特斯蒂，在拖延症研究领域颇有建树，他在《拖延方程式：今日烦来明日忧》一书中，用一个方程式形象地阐述了拖延的主因，顺带解答了上述的问题：

U（工作效率）=E（成功的期望值）V（工作收益）/I（分心度）D（拖延程度）

显而易见，分心度的大小直接影响着工作效率的高低，两者是反比关系。分心度越大，工作效率越低。那些经常完不成任务、感叹时间紧迫的人，通常都是在分心的问题上栽了跟头。他们总是找借口说："我要做的事太多了""有些要求我没办法拒绝""朋友约我好几次了，我能不去吗？"然而，当你追问他们真正在忙的时间有多少时，他们会支支吾吾地说不上来。

一个人的精力是有限的，一天24小时，一年365天，谁也无法让时间延长，我们也没有分身之术，顾此失彼是必然的选择。但问题是，顾什么、失什么，在于我们的选择。

化妆师R的技术很好，但总是因为做事拖拉而被老板指责。为此，她自己也很苦恼。直到有一次，老板提醒她：做事别那么分心！

她这才意识到，自己在工作前总喜欢跟人聊天，化妆的时候也总是出岔子，有时还因为抹不开面子去帮同事而怠慢了自己的客户。为了跟客户打好关系，她还花了不少时间给客户讲解化妆技巧。找到了问题的原因，R立刻改变了自己的工作风格。她不再好为人师，也学会了说不，效率果然就上去了。

道理都懂，实践起来却不易。很多人都会问：如何才能把注意力放到自己的身上，减少分心呢？这里有几条建议，可供参考：

·克制自己的情绪

做一件事情就要全力以赴，不要左右摇摆，左顾右盼。也不要被什么事情中途打断，更不要主动去中断正在进行的事。大脑在处于高度集中状态的时候，突然间一下子分散，想要重新收集起原来的信息，是一种巨大的困难。而被打断后，恢复平静又需要一段时间，这样白白浪费时间，根本就没有办法做好任何事情。

·避免被外物干扰

训练自己强大的心理素质，锻炼自己的控制能力，是十分必要的，无论外面发生了什么，只要你不回头，就没有什么能够干扰到你。拖延的人总是喜欢给自己的拖拉找理由，如果你是专注的，那么还有什么可以影响到你呢？

·养成良好的生活习惯

健康是生活的本钱，没有了健康，就没有了一切，身体跨了，精神自然也就垮了，再集中的精神状态，也不能够克服自身的生理因素。

·让别人来监督你

别人是你的镜子，当你需要帮助的时候，请求别人适当的帮助也是很有必要的。一个人的力量是微弱的，当你得到了帮助，也许会让你明白一些道理，或者，给自己一些动力，这样你的计划更容易实施一些。

当你想要达成一个目标时，请先把注意力收回到自己身上。因为，在实现目标的过程中，你会发现自己需要克服的困难很多。倘若你能够专注所做之事，达到“忘我”的境界，原本“不够用”的时间，就会变得“充裕”起来。

不必贪多，一次做好一件事

一次做好一件事的人，比同时涉猎多个领域的人要好得多。

——博恩·崔西

在私企做秘书的Lucy总是抱怨："事情太多，快要忙死了，要打印文件，要去银行缴费，要给客户回邮件……有时，根本不知道该从哪儿下手。"同样是做文秘工作的K，她所在的企业比Lucy的单位大得多，工作量自然不用说，可她日子比Lucy要轻松多了，能去新餐厅尝鲜，能跟朋友郊游，还有时间写小说。

很多人会认为，Lucy和K之间的差别，完全是心态上的问题。但实际上，心态并非是主要原因，工作无头绪、杂乱无章才是关键。你在工作中可能也有过这样的经历：原本正在全神贯注地做一件事，突然电话铃响了，同事找你帮忙，上司又安排了新任务……迫不得已，只能中断手里正在进行的工作。来回折腾几个回合，最后可能一件事情也没完成，刚刚理清的思路也变得混乱了。很多时候，不是工作真的多到不堪重负，只是没有找到解决问题的最佳办法。总是试图同时做几件事，就会陷入"什么都想做，什么都做不好"的怪圈。

思考最大的敌人就是混乱，太多的信息会阻碍正常的思考，就像电脑的内存塞满了，会导致运行缓慢或死机是一样的道理。爱迪生认为，高效工作的第一要素就是专注，他说：“能够将你的身体和心智的能量，锲而不舍地运用在同一问题上而不感到厌倦的能力就是专注。对于大多数人来说，每天都要做许多事，而我只做一件事。如果一个人将他的时间和精力都用在一个方向、一个目标上，他就会成功。”

世界上人口最密集的地方，恐怕要数只有10平方米的纽约中央车站问讯处了。每天，那里都是人头攒动的景象，旅客们争相询问着自己的问题，都希望立刻得到答案。在问讯处工作的服务人员，承受的紧张和压力可想而知。然而，他们是不是也忙得焦头烂额，不知该从哪儿下手去做呢？为此，曾有人记录下了他们在工作中的一个真实片段：

柜台后面的那位服务人员看起来一点也不紧张。他身材瘦小，戴着眼镜，看起来很斯文，脸色的表情镇定自若，轻松自如地应对着眼前的一切。他面前站着的旅客，是一个矮胖的妇人，头上扎着一条丝巾，已被汗水湿透，眼神里充满了焦虑与不安。问询处的先生倾斜着上半身，以便可以听到她的声音。“你要问什么？”他把头抬高，集中精力，透过厚厚的镜片看着这位妇人，“你要去哪里？”

这时候，有一位穿着时尚，一手提着皮箱，头上戴着昂贵帽子的男士，试图插话进来。可这位服务人员就像没看见一样，继续和这位妇人说话：“你要去哪儿？”

“春田。”妇人回答说。

“是俄亥俄州的春田吗？”“不，是马萨诸塞州的春田。”

他根本无须看行车时刻表，直接告诉她：“那班车是在10分钟之内，在15号站台发车。你不用着急，时间还很充裕。”

“你说的是15号站台，对吗？”

“是的，太太。”

当女人转身离开，这位服务人员才把注意力转到到那位戴着昂贵帽子的男士身上。可是，没过多久，那妇人又回头来询问站台号码。“你刚刚说的是15号站台，是吗？”这回，服务人员没有理会，而是集中精力为戴帽子的男士服务。

有人请教那位服务人员：“你能不能告诉我，你如何做到并保持冷静的？”

“我没有和公众打交道，我只是单纯地处理一位旅客。忙完一位，再换下一位。一整天下来，我一次只服务一位旅客，却一定要让这位旅客满意。”

一次只做一件事，是解决工作不断被迫中断而变得效率低下的良方。德鲁克曾在《哈佛商业评论》上就“每次只做一件事”发表文章，以他多年的丰富经历非常肯定地指出：“我还没有碰到过哪位经理人可以同时处理两个以上的任务，并且仍然保持高效。”

时常在工作中把自己搞得疲惫不堪的人，多半都是没有掌握这个简单的方法。如果能够专注一点，让大脑一次只想一件事，清楚一切分散注意力、产生压力的想法，使思维完全进入当前的工作状态，就不会因为事务繁杂，理不出头绪而顾此失彼了。

10月

告别恼人的混乱

不要把整理当成杂活，

时间全是整理出来的

整理不是杂活，是高效的前提

华丽常常伴随着伟大，幸运更经常地来自于简单。

——威·沃森

当下，越来越多的人开始崇尚极简主义的理念，从家居装修到日常生活，从工作概念到应用软件，无所不在。那么，简洁究竟能给人带来哪些好处呢？最直观的答案就是——高效。

我们的精力很有限，如果什么事情都要细致入微的照顾，是不可能停下来歇息的，甚至会把生活和工作搞得一团糟。倘若能够做到去枝减叶、抽丝剥茧，只保留最需要的，专注于自己真正想从事的活动，就不会盲目浪费时间和精力。

你可以想象一下：打开衣柜后，里面全都自己喜欢的衣服，数量不多，很容易选择，那你还会在每天早上为了不知道穿什么而发愁吗？东西少，就不会有选择困难症。家里的每样物品都摆放整齐，一目了然，你还会为了找一样东西翻箱倒柜，把家里弄得一片狼藉吗？

我们并不要求每个人都崇尚极简主义，但起码有一点我们必须要认识到：简洁能让生活和工作变得有条理，有条理的结果自然就会提高效率。最简单的例子就是，当你的办公桌上堆满了东西时，你很容易会产生一种混乱和无所适从感，它还会让你觉得，自己还有一大堆的事情要做，似乎永远也做不完，并且不知道该从哪儿下手？

然而，当你在头脑无绪的时候，试着整理一下办公桌，感受可能会完全不同。

新泽西州的一位报纸发行负责人说："有一天，我的秘书帮我整理了一下办公桌，结果发现了一台找了好久都没有找到的订书器。原来，桌子上一片狼藉，我总是很焦虑，可当桌子变得干净后，我的思绪也变得清晰了。"

宾夕法尼亚州大学医学院的药剂研究室主任约翰·斯托顿教授，曾经发表过一片论文，名为《机能性神经衰弱引起的心理并发症》，他在论文中列出了11条容易诱发心理疾病的情形，其中第一条就是："一种被强迫的感觉，没完没了的待办事项。"

事实告诉我们，杂乱无序会导致情绪紧张，降低工作效率，让人无所适从。芝加哥西北提诶路公司的董事长罗德·威姆斯认为：提高效率的第一步，就是把桌子上堆积如山的文件仔细清理一下，留下亟待处理的一件事，这样工作起来更容易，也更方便。

许多人会质疑：把办公桌收拾干净，就能提高工作效率，这真的靠谱吗？精神病治疗专家威蒙·德萨尔曾经做过这方面的临床实践，并获得了满意的效果。我们不妨从客观实践中，印证一下这个方法。

山姆是芝加哥某公司的高级主管，他每天都扎在办公室里，处理那些没完没了的工作。第一次到德萨尔诊所时，他已经处在精神崩溃的边缘，满脸都是焦虑和紧张。他告诉医生，他的办公室有三个大写字台，上面都铺满了文件，他每天都在尽力处理这些事，似乎永远也做不完。

在跟德萨尔交谈过后，山姆回到办公室的第一件事就是清理办公桌，最后只留一张写字台，当天的事情当天必须处理完毕。自那以后，他再也感觉不到没完没了的工作压力了，效率提高了，身体也逐渐恢复了健康。

不要把整理办公桌这样的事务当成杂活，它就是工作的一部分，清除杂乱、保持整洁是高效工作的第一步。那么，如何保持办公桌面的干净整齐呢？这里有几个小贴士：

· 电话放在桌面的左边，这样可以左手接听电话，右手灵活地做记录。

· 手机放在个人电脑旁边。

· 文件夹与书本使用杂志箱直立存放，分层架区分“进”和“出”的文件。

· 准备一个橡木或磁铁白板，把重要的事宜写在上面，一目了然。

· 没有利用价值的东西，该丢弃就丢弃，太多无用的东西会影响工作效率。

5S整理法：告别杂乱的状态

当你简化你的生活，宇宙的法律将更加简便；孤独不会孤独，贫穷不会贫穷，也不虚弱无力。

——梭罗

什么是5S整理法呢?

5S起源于日本，是整理(Seiri)、整顿(Seiton)、清扫(Seiso)、清洁(Seiketsu)和素养(Shitsuke)这5个词的缩写，指在生产现场对人员、机器、材料、方法等生产要素进行有效管理，深受日本企业的推崇和青睐。

·1S——整理

区分要和不要的东西，除了需要用的东西以外，其他的都不放置。在判断“要和不要”时，可遵从一个原则：把未来30天内，用不着的任何东西都挪出现场，目的是腾出空间来活用。

·2S——整顿

要的东西按照规定定位、定方法摆放整齐，明确数量，明确标示，实现三定：定名、定量、定位。这样做的目的，是为了避免因找东西而浪费时间。

·3S——清扫

清除工作现场内的脏污，保持一个干净、明亮的环境。

·4S——清洁

将上述的3S实施的做法制度化、规范化，维持其成果。

·5S——素养

培养文明礼貌习惯，按照规定行事，养成良好的工作习惯。这一条的目的在于，提升人的品质，培养对工作认真负责的态度。

丰田公司在维持和改善工作环境时，一直使用5S整理法，且尤其重视整理和整顿这两点。认真执行5S整理法，可以有效地消除工作中的浪费，提升工作效率。在丰田公司，没有人会认为整理是可有可无的杂事，而是将其视为工作本身。

丰田的一个生产车间，墙边摆满了储物架，架子上放着许多长期不用的物品，有些零件明明只需要一个，货架上却摆着两三个，甚至更多。

有一次，丰田的指导师让员工把不需要的物品清理掉，只在货架上摆放那些用得着的物品。结果发现，很多货架都空了出来，可以挪走不用。更让大家意外的是，当他们把货架挪开时，发现货架后面居然有一扇窗户。

通过整理和整顿，能够消除被浪费的时间、空间和物品，只用最低限度的零件和工具来工作，能够大大提高工作效率。就在这一年，丰田的这家生产车间一年成功削减了300万日元的生产升本，残次品的数量也开始大幅减少，产品的质量提升了一个层次。

许多人对5S整理法存在误解，认为只要工作环境和场地看起来干净、整理就可以了。事实上，这并不是5S整理法的精髓。单纯地把东西摆放整齐，顶多算整洁，但整洁不是目的和终点。比如，对书架进行整理时，将书本按照大小进行归类，或者把资料文件按照纸张的大小和颜色进行归类，这样看起来是挺整洁的，但并不能提升工作效率。在寻找相应的书籍和文件时，依然要挨个地翻看，花费不少时间。

对我们来说，如何在现实中运用5S整理法才能实现提高效率的目的呢？

·对办公资料和用品进行分类

所有的办公用品和工具都可以大致分为三类：现在要用的、将来要用的、永远不会用的。

现在要用的东西，也就是今天或明后天需要的东西。如果是生产现场，这些东西就相当于产品的零部件，或是必不可少的工具。如果是办公室，那就是与手头正在进行的项目密切相关的资料和用品，这些东西要放在手边，有助于工作的顺利开展。

环顾四周，你会发现还有一些东西是这样的情况：这个资料可能某一天会用到、那个文件有可能会有用……然而，这些东西将来真的会用到吗？你最好扪心自问：到底什么时候能够用到？给出一个确定的期限，如一周后、三周后、一个月后、三个月后，按照时间区间对这些东西进行分类。如果无法给出期限，那就把它们归为“不确定”的一类。到期后，如果这些东西还是没有用到，那就可以归为“永远不会用”的类别中，然后无情地舍弃掉。

·按照有效的标准叠放资料与文件

何谓有效的标准？不是简单地按照资料和文件的纸张大小和颜色来分类摆放，那样对提高效率没有任何帮助。整理的目的是为工作提供便利，因此，我们要在对资料进行分类的基础上，按照资料的重要性、时间性等标准有序叠放，便于寻找和使用，这才是有效的整理。比如，把最新的资料放在最上面，把最旧的资料放在最下面，这样找资料时就有明确的依据了，很快能够找到自己所需的东西，也不至于把文件都翻乱。

·善于用小工具整理物品

整理离不开工具，比如文件柜、文件袋、文件夹、装订工具、笔筒、名片夹等，看似很简单的东西，如果能够巧妙利用，可以起到很大的作用。比如，把现在用的到的文件放在文件夹里，将来可能用到的文件装到文件袋里，把永远不会用的文件丢弃，或是暂时放在文件柜里。各种办公笔放在笔筒里，把散落在抽屉里的、办公桌上的名片，都放进名片夹里。这样一来，得到的不仅仅是一个干净整洁的办公区域，还能够快速地寻找到自己所需的资料和工具，效率会高很多。

归位意识：用过的东西放回原处

东西用完后要放回原处，减少寻找时间。

——博恩·崔西

“妈，我的袜子放哪儿了？”儿子在卧室里乱翻了一通，也没找到一双干净的袜子。

“你去阳台看看，我忘了把单位的钥匙放哪儿了，待会还得用呢！”妈妈焦急地说。

“你昨天回来的时候，应该还在的吧？不然，你是怎么锁的门？”爸爸提醒式地问。

“是啊，我就是忘了回家之后放哪儿了。”妈妈一脸无辜地说。

“瞧你这记性。哎，我还说让你给我找找原来的公文包呢！算了……”爸爸无奈地说。

此时，儿子的房间是一片狼藉，衣服遍地都是；妈妈在客厅到处乱翻，沙发都被挪动了位置，可还是没有找到；爸爸在走廊的储物柜里，寻找着他许久不用的公文包。

这样的生活情景，是否觉得似曾相识？你是否也偶尔或经常在生活中上演这样的片段？东西总是需要在用的时候才发现不见了，翻箱倒柜地折腾，着急忙慌地出了一身汗，却还是找不见，最后只好唉声叹气地放弃寻找。偶然的一天，你在寻找其他东西的时候，却发现了之前寻找的物件，没想到它藏得并不隐蔽，就在一个挺明显的地方，可之前你却没有看到。

如果你经常上演类似的片段，那真的要提醒你：你需要增强归位意识了！时间管理大师博恩·崔西，曾经提出过21个高效时间管理黄金法则，其中有一条就是：东西用完后要放回原处，减少寻找时间，提高生活、学习和工作的效率。

马来西亚华文媒体《光华日报》曾刊登过这样一个故事：

这天傍晚，我们一家三口准备好要赴一朋友的婚宴，地点是在莎阿南的一间旅馆。临行之时却找不到请柬，我们对那一带的路线不熟悉，请柬附上的地图可帮我们避免走许多冤枉路，于是再度在一些可能的地方细心翻找，最后仍然徒劳无功。

妻子催我上路，说："反正找不着，不如趁着天色还亮，去那里兜一兜找更好。"于是，我们便上车向莎阿南进发。幸好接近那一带就看到路旁告示牌有那间旅馆的方向，结果我们很顺利就到了那里。

宴毕回到家，刚进家门不久，妻子就说："哎呀，请柬不是乖乖地在这儿吗？"我转头一看，那请柬一直都在钢琴上面的一个小斜书架上！是我看了顺手放在那里，过后也不在意，没有把它放回收信件的篮子里去。

回想这晚的一切，却也庆幸没有闹得不愉快（妻子对走错路或迷路颇介意）。然而，这也是一个提醒：东西要放回原位！这是从小学已经学过的浅显道理。这一个简单的动作若养成习惯，的确可以省去许多翻箱倒柜的时间，还会避免不少的心头闷气，何乐而不为？

如果经常因为找不到需要的东西翻箱倒柜，甚至大动肝火，不仅浪费时间，也会影响身心健康，实在很不划算。平日多一点归位意识，用完的东西立刻放回原处，下一次再用的时候很快就能够找到，可以节省不少时间。

学会舍弃：无用的东西即刻扔掉

在人生的大风浪中，我们常常学船长的样子，在狂风暴雨之下把笨重的货物扔掉，以减轻船的重量。

——巴尔扎克

日本有一本书名叫《丢弃的艺术》，它改变了许多人的生活。

这本书阐述的核心是舍弃的重要性，这在以往的书籍中是从未有过的。泉正人第一次看本书时，是在一辆公交车上。他被书的内容深深地吸引了，以至于差点儿就错过了下车的车站。

按照书中介绍的方法，他回到家后，立刻拿着几个垃圾袋走进自己的房间。几个小时后，泉正人从房间里走出来，手里拎着整整8只垃圾袋的物品，有不再穿的衣服，有小学时期的课本，有儿童时代的玩具，还有各种橡皮和贴纸，等等。他自己也不敢相信，这些东西竟然都是从那间只有十几平方米的小卧室里整理出来的。

整理完这一切之后，泉正人坐在垃圾堆旁边，陷入了沉思中：以前我为什么没有意识到家里有那么多没用的东西呢？最让泉正人震撼的还不止于此。当他把所有的垃圾都搬走后，房间里顿时换了模样，连他自己都不认识了。原来被物品占据的部位，露出了从未见过的地板，看上去敞亮很多，像是别人的房间。屋子里的空气似乎也变得轻盈了，泉正人体会到了前所未有的轻松。

这样的变化带给泉正人的影响是终生的。从那天开始，泉正人明白了整理的重要性。截至今天，泉正人同时经营着五家企业，每年读书300本以上，经常去听讲座、上英语口语班、打高尔夫，每个月都去海外视察、旅行、演讲，还出了多本畅销书。可是，他从未感觉被忙碌绑架，他认为是《丢弃的艺术》这本书改变了他的人生。

泉正人回忆说："其实，我不是一个擅长整理的人，我是那种，能不整理就不整理的人。话虽如此，可我也认识到了整理的重要性。我吃过那样的亏，比如因为没有及时整理，导致一项工作不得不重复去做，浪费了时间；或是丢失了重要的票据，丧失了客户的信任，等等。我个人的经验是，如果不及时整理，工作效率就会下降，有时不得不花费很长时间找文件或票据，或是重复同样的工作。这些时候，我的大脑也是混乱的，分不清工作的轻重缓急，可只要及时进行了整理，工作就会变得特别顺利。总之，我整理不是单纯为了环境整洁，而是为了提高工作效率。"

美国作家布鲁克斯·帕玛说过："垃圾或杂物，包括你保留的但对你不再有用的东西。这些东西可能是损坏了的，也可能是崭新的，无论如何，它们都已经失去了价值，所以成了垃圾。这些东西一无是处，当然不能提高你的生活品质。相反，它们是优良生活的牵绊，是焕发生机的阻碍，也是你必须清除掉的绊脚石。"

丢掉无用的杂物，不仅仅是一项清洁工作，更是打破固有的生活模式和习惯性的思维，为自己所处的环境以及身心，做一次彻底的清除，凸显出更重要的、更有价值的东西，让我们把有限的时间和精力投入到这些事物上，换来高效、高质的人生。

要清理杂物，第一步就是作出取舍，按照我们前面介绍的5S整理法中的一些规则，对物品进行分类——现在用的、将来用的、不会再用的。我们要扔掉的，就是那些不会再用到的东西。我们不妨再说得具体一点，什么样的东西是需要扔掉的杂物？

·最近一两年内都没有再使用过的东西，且没有预定要使用的东西。比如，化妆品、衣服、包包、报纸、文件等。

·待修理的东西，如坏掉的手表、电扇、锅碗瓢盆。如果这些东西无法奇迹般地自行复原，那就完全可以把它们扔掉了。

·伤感情的东西，如前任男友（女友）的照片、上次婚姻的婚纱、未录取的通知书、亲人灾难事故的简报，等等，这些东西会严重影响我们的情绪，阻碍我们走向新的人生，不可留。

拥有太多东西，会降低你的工作效率，消耗你太多的时间。如果你不丢弃杂物，一味地任其增加，杂物就会成为生活的主人，而你会变成被杂物包围的负能量者。丢掉过去的、旧的、没用的物品吧，你的思想和生活会发生根本的改变，这样的尝试绝不会带给你失望。

规格程式化：兼得整洁与便利

有什么样的思想，就有什么样的行为；有什么样的行为，就有什么样的习惯；有什么样的习惯，就有什么样的性格；有什么样的性格，就有什么样的命运。

——查·艾霍尔

有些工作是需要发散性思维，拿出颇具创意的成果；但也有一些工作，需要进行规格化和统一化，避免反复操作同一件事而浪费不必要的时间。

·同样的文字需要多次书写时，可选择制作一枚橡皮章

某事务所的工作人员，为了提高办事效率，制作了许多不同的橡皮章，包括年月日章、裁决章、住址章、姓名章，等等。这样一来，需要附加哪一类内容，省去了手写的时间，直接用橡皮章即可。

不仅仅是橡皮章，所有能将作业统一化，并积极导入格式化的工具，都能够提升工作效率。那些需要经常书写同样内容的文件，在文件印刷时就可以印上该文字、数字，会方便很多。而且，有了这样的工具，不必步步请示，任何人都能够独立完成。

·资料不能直接剪贴使用，要用统一规格复印后再保存

现代办公室中，复印机是很常见的工具，活页复印可以方便储存、整理大量的情报，有效地减少时间和精力的支出。复印这项工作很简单，但复印后的整理工作，许多人做得都不太理想。即便是把重要的情报影印了，如果整理工作没有做好，这种复印就没意义了。

有些人在杂志上看到有用的消息，将其复印存档，但请注意：至此，资料收集的工作并没有完成。影印的目的是为了方便情报的使用，达到东西一取出即能用的程度，如果把东西简单地粘贴在一个本子上，很难更换和添加；放在文件袋里，又不太好找。

鉴于此，我们提倡活页式复印，活页式归类分档。这样的话，任何时候取阅都很方便。复印用的活页纸，纸张尺寸都要统一，便于整理。

·档案的尺寸、厚度要全部统一

档案可采用规格统一的纸张来复印和整理。如果档案的大小、薄厚不同的话，整理起来会很费劲。如果从一开始就统一样式，便可以缩短查阅时间，且会让复印和整理变得轻松。

我们推荐使用B5纸，原因在于，现在的复印纸通常都有A开和B开两种规格，在复印时有些许的不同：A4在复印时可印较B5版面大的文件，而A3可印更大的版面，但A3需要用较大的机器，综合考虑，B5最合适。

·把一切能够标准化的工作全部标准化

把所能标准化的工作全都标准化，然后让每个人都按照这个标准来做，即便监管的人不在，也不容易出错，工作也能自动化。每个人一旦按照操作的标准去做，必然能够提升产量和效率。当工作内容标准化之后，就要立刻找出一套可复制的流程，将其系统化。企业都是这样操作的，就算我们不是企业家，生活和做事也当有系统，这样才能有效率。

BOBO在工作中有一套自己的方法，这也使得他成了办公室里的高效精英。每一项工作完成后，把研究出的方法扔在一边，实在太可惜。所以，他每完成一项任务后，都会把自己所用的方法和经验总结出来，做成档案存放。这一套工作程序出来后，等后续有人再进行类似的项目时，便可作为参考，大大节约了时间。

11月

重视协作的力量

学会合作与借力，

不必什么事都亲力亲为

借助他人的力量解决问题

一个善于借助他人力量的企业家，应该说是一个聪明的企业家。在办事的过程中善于借助他人力量的人，也是一个聪明的人。

——比尔·盖茨

有些人很聪明，总是自视清高，认为没什么问题是自己不能解决的，一旦离开自己任何事情都会搞砸。他们不相信别人，凡事都自己去做，结果不是把自己累得一塌糊涂，就是陷入了事倍功半的牢笼中。然而，那些善于时间管理、做事高效的人，不一定是学历极高、经验极丰富的人，他们的个人能力或许并不强，但他们很讲究做事方法，懂得汲取百家之长，将外界的力量融入到自己的工作方式中，集思广益、叠加能量，让解决问题变得简单而轻松。

《圣经》里有这样一个故事：摩西率领以色列子民向上帝请求赠与他们领土，而此时摩西的岳父发现，摩西的工作已经超过了他所能承受的负荷，如果他继续这样下去的话，肯定会疲惫不堪，以色列所有的子民也会继续陷在困境中。

于是，摩西的岳父杰罗塞找到他，好言相劝："你这样做是不行的，会累垮自己。当你累垮无法工作的时候，以色列会陷入群龙无首的恐慌和灾难中，我们的所有工作都必须停止。你不能凡事都亲力亲为了，听我说，把你手下的人分成几个小组，每组1000人；再将这1000人分成10组，每组100人；再将这100人分成2组，每组50人；再将这50人分成5组，每组10人。你在每组中选出一个组长，由他来解决小组所遇到的问题，只有组长遇到无法解决的问题时，再来找你。”

摩西听后，立刻按照杰罗塞的建议执行。果然，他发现自己可以有更多的时间去处理那些重要而一直没有解决的问题了。他的子民遇到事情之后，也不会再像从前那样慌张，而是可以自己想办法，并且把问题解决得非常圆满。

其实，杰罗塞告诉摩西的就是一种善用他人力量的方法。面对生活和工作，当自己无法独立完成一件事、解决一个问题的时候，强迫着自己继续坚持，只会适得其反。

寒冬腊月，一个卖包子的和一个卖被子的同到一座破庙里躲避风雪。天很晚了，卖包子的很冷，卖被子的很饿，但他们都相信对方会有求于自己，所以谁也不肯先开口。就这样，卖包子的一个接一个地吃包子，卖被子的一条接一条地往身上盖，谁也不愿意向对方求救。最后，卖包子的冻死了，卖被子的饿死了。

故事都是有隐喻的，这样的情形在我们的生活中并不少见。个人的力量对自然、对社会来说，都是渺小的，所以我们才要强调协作。力所不能及的时候，调动外界的一些力量，不失为一个好的办法。有时，可能他人不经意间提出的一个点子，就会拓宽我们的思路；他人的举手之劳，就能给我们减轻了不少压力和负担。

Z是某公司的HR主管，他在工作中遇见了一桩棘手的事。

公司的一位员工在出差的时候手臂骨折，这样的事情以前没有发生过，公司要如何处理这件事，是否该赔付，赔付多少，都没有参考对比。可这件事在处理上又不能马虎，毕竟牵扯到员工的利益，老板还是希望他尽快处理，担心拖下去会被员工认为不够重视或想避责。

要妥善处理这件事，必须兼顾公司和员工的利益，对内对外都不能留下隐患。一时间，Z不知所措，琢磨了半天的时间，他还是觉得寻求外援。他给同样做人力资源的朋友打电话，这些朋友给他提供了至少10条有效的信息，依据这些信息，他很快就列出了一些解决方案，还写了部门处理类似事情的流程上报，老板对他的工作非常满意。

Z觉得能圆满处理好这件事情，主要还是得益于同行的帮助。之前，他经常参加一些人力资源方面的活动，认识了不少的同行，虽然大家没有时间经常见面，可微信沟通还是很多的，逐渐就形成了一个关系网。群里有谁遇到什么不懂的问题，大家都会积极地提供帮助，毕竟都是专业的人士，方法也都比较有针对性。

一人事，一人知，一人行，可谓独断专行；二人事，二人知，二人行，可谓合作无间；大家事，大家知，大家行，可谓众志成城。在完成任务、追逐目标的时候，学会借力是很必要的，这无所谓自尊的问题，任何人都不可避免需要别人的帮助。只有善于借助外界的各种力量和智慧，才能在有限的时间创造更多的价值。

把单个的力量凝结成“合力”

聪明人都是通过别人的力量，去达成自己的目标。

——陈永泰

Lisa现在某公司任中层领导，不久前跟朋友聊起工作，可谓满腹牢骚：“我们部门的员工，做事能力都挺强的，个个都算得上是精英，可是整体的工作效率就是上不去。老板一直管我要业绩，我也想出业绩，可真不知道怎么解决啊！”

其实，这不仅是Lisa一个人面临的现状，不少人都为此愁眉不展。一边是紧催业绩的老板，一边是不出效率的团队，说团队的能力不行，可每个人都不算太差，甚至有些还是骨干……问题究竟出在哪儿呢？

说到底，问题就出在：只看到个人的力量，看不到群体的力量。

三个和尚在一座破落的庙宇里相遇，他们都很纳闷：这座庙为什么会荒废呢？甲和尚说：“一定是和尚不虔诚，所以诸神不灵。”乙和尚说：“一定是和尚不勤劳，所以庙宇不修。”丙和尚说：“一定是和尚不敬谨，所以信徒不多。”

谈过各自的看法后，三个和尚决定留下来，各尽所能，看看能否拯救这座庙宇。甲和尚诵经礼佛，乙和尚殷勤打扫，丙和尚恭谨化缘。渐渐地，来庙里朝拜的信徒多了起来，凄凉的庙宇又恢复了旺盛的香火。

境况得以改善后，三个和尚坐下来分析成功的原因。甲和尚说："都是因为我虚心礼佛，菩萨才会显灵。"乙和尚说："都是因为我勤奋修整，庙宇才会焕然一新。"丙和尚说："都是因为我四处化缘，信徒才会骤增。"

三个人都觉得是自己的功劳，这番争执迟迟不休，弄得谁也没心思再做先前的事。结果，没过多久，庙宇又恢复了往日的荒凉。直到分道扬镳的那天，他们才得出一致的结论：这座庙宇之所以荒废，既不是甲和尚不虔诚，也不是乙和尚不勤劳，更不是丙和尚不敬谨，而是他们不懂相互配合，各自争功，互不相让，使得凝聚力下降，使得庙宇无人问津。

团队是什么？是把多人集合在一起，相互配合，以期达到共同目标的一种组织。如果你不能统筹组织中的各个力量，将其凝聚在一起，把劲朝一个方向使，无论组织中有多少精英人才，也不过是一盘散沙。这就犹如一部质量过硬、深受好评的汽车，它的每一个部件都是上乘的品质，可如果你把这些零件分散地装到质量一般的车上，它未必能发挥多大的作用。车，不会因为一个好的零件而改变整体的质量。同样，一个组织、一个部门、一个小组，可能有不少优秀的人才，但他们是分散的，只有将其有机地组合到一起，形成"合力"，他们的优秀才能得到极致的发挥。

李先生是一家化妆品公司的销售经理，上任两年，就让公司的盈利翻了一番。两年前，公司的业绩总是没有起色，老板辞掉了原来的经理，让李先生来收拾这个烂摊子。当时，不少人都劝他说："推掉吧，销售部已经换了两个经理了，都没把业绩做上去，你还是别去啃这块硬骨头了。”听到这些劝阻，李先生只是笑笑，心里却暗暗发誓：“三个月内，我一定要让它起死回生。”

不少人抱着“看热闹”的心态，想瞧瞧李先生有什么回天之力。出人意料的是，他并没有传说中的“新官上任三把火”的劲头，上任的第一个月他什么都没做，就是按时上下班。大家还在纳闷：“他到底想干什么呀？”

一个月后，李先生开始行动了。他取消了业务员单独跑业务的制度，而是将他们分成了几个小组，要求小组成员将各自的优点发挥出来，相互学习，弥补不足。结果，几个月下来，业务量就开始上涨。员工感觉在工作量上跟以前没什么区别，可是业绩却有了提升，心里自然很高兴，干劲也提升了。

工作的内容没有改变，人员没有改变，改变的只是工作的方式。李先生把原来单枪匹马奋斗的业务员，巧妙地结合在一起，形成了“众人拾柴火焰高”的局势。力还是原来的力，可都用在了同一处，自然有了不可小觑的威力。

作为部门经理或团队主管，只拥有优秀的员工，不能保证高效、高质的完成任务，只有让员工真诚地配合彼此的工作，形成强大的合力，才能在工作中达到好的效果。老板对你委以重任，他想要看到的，也正是这种可以调动、利用所有优势的统筹能力。

能力再强，也要学会授权

真正的领导者鼓励员工发挥他们的才能，并且不断进步。失败的管理者不给予员工决策的能力，并且奴役员工，不让员工有出头的机会。

——卡德伯里爵士

G是某公司的部门经理，每天穿梭于各个办公室之间，忙得不可开交，甚至到了“吃饭有人找，睡觉有人吵，走路有人拦”的地步。可即便如此，业绩还是不理想。年终会议结束后，领导提醒G：我想你应当停下来思考一下，你所做的事情中，有多少事可以授权给下属的？有多少属于临时事务，打断了你在计划中想做的事？

不得不说，G工作绩效低下的一个重要原因，就是没有认清楚自己的职责，没有把时间和精力用对地方。部门经理的职责是什么？是挖掘下属的潜力，给他们充分发展的空间，让他们的能力发挥到极致，是让自己从具体琐碎的事务中解脱出来，集中精力去谋全局、想发展、提升团队的凝聚力与战斗力！

授权是管理中的一项重要技能，也是一种重要的方式。在时间管理方面也是如此，如果你希望自己的时间利用得更有效率、更有价值，如果你打定主意要提升自己与时间之间的默契，就要放弃“我要控制一切”的想法。

人都不是完美的，不能独自解决所有问题，总有一些工作是我们不擅长的，或是根本没有接触过的。面对这些“做不来”的事，就不要执意自行去完成，可以将其分给那些有专业技能优势的人，这样反而更节省时间，也能把工作做好。况且，人的精力有限，不可能长时间保持高强度的工作。如果总想把时间分配给所有的工作，不但不会成功，还会导致自己在重要事情上投入的时间和精力不足，影响做这些要事的效率。

曾经，北欧航空公司董事长卡尔松大刀阔斧地对航空系统进行改行，他依靠的就是合理的授权。当时，公司航班误点引发了乘客的严重不满，面对不间断的投诉，卡尔松决心要让北欧航空成为欧洲最准时的航空公司。愿景是很好的，可要如何来实现呢？卡尔松四处寻找能够解决此问题的人，最后找到了公司的运营部经理雷诺。

卡尔松对雷诺说：“我们该怎样做，才能成为欧洲最准时的航空公司？我希望你能替我找到答案。几个星期后来见我，看我们能否实现这个目标。”

几个星期后，雷诺去见卡尔松。卡尔松问：“怎么样？能不能做到？”雷诺说：“可以，但需要6个月的时间，还可能花掉160万美元。”卡尔松说：“太好了！这件事就交给你了，明天的董事会上我将正式宣布这个决定。”

大概4个半月后，雷诺请卡尔松检验他们这段时间的工作成绩。各项数据表明，北欧航空公司在航班准点方面已经成为欧洲第一。然而，雷诺要卡尔松过来的目的，并不只是让他看这些数据，更重要的是，他们在运作过程中，为公司节省了50万美元。

卡尔松看重雷诺的能力，选择把任务全权交给他处理，在宣布决定后，他并没有过多干涉，这就是“大胆授权，用人不疑”。这样做的结果，让雷诺感到自己受重视、被信任，激发了强烈的责任心与参与感。事实证明，他成功地帮助卡尔松实现了战略目标，并比预期中做的更好。

授权是一门管理艺术，但这并不意味着，只要你大胆授权，就一定能收获成效。想想卡尔松在授权之前做了什么？他四处寻找能够解决此问题的人，思虑周全后才把目光锁定在雷诺的身上。这无疑表明，一定要将权力授予能够胜任工作的人。

杰克·韦尔奇有一句经典名言：“管得少就是管得好。”想要管得少，就得学会用人与授权。看准了的人，就放心并放手让他自主行事，把整个的事情托给对方，交付足够的权力让他作必要的决定。如此，你缓解了压力，赢得了更多的时间，下属也获得了信任与激励，何乐而不为？

让每个人都发挥自己的优势

只有有天才的人才能发现天才的幼芽，发展这些幼芽，并善意地给予他们以必要的援助。

——圣西门

细心的人在参观寺庙时，可能会发现一个问题：走进庙门，先看到的是弥勒佛，笑脸相迎；在他的北面，则是黑口黑脸的韦陀。为什么要这样放置两尊佛像呢？这里有一个典故。

相传，很久以前，弥勒佛与韦陀并不在一个庙里，而是分别掌管着不同的庙。弥勒佛热情快乐笑盈盈的，吸引的香客特别多，可他什么都不在乎，丢散落四，账务弄得很乱，经常入不敷出。韦陀在管账方面是把好手，但整天阴沉着脸，过于严肃，香客们都不愿意来，最后弄得香火断绝了。

佛祖在查看香火时，偶然发现了这个问题，就把他们安排在同一个庙里。快乐大度的弥勒佛负责公关，笑迎八方客；铁面无私的韦陀负责财务，严格把关。在两个人的分工合作之下，庙里呈现出了一派欣欣向荣的景象。

盛田昭夫曾经说过：“公司的成功之道不是理论，不是计划，也不是政府政策，而是人，只有人才会使企业获得成功。因此，衡量一个主管的才能应该看他是否能得力地组织大量人员，看他或者她如何最有效地发挥每一个人的能力，并且使他们齐心协力、协调一致。”

任何一个组织都是众人的集合，有才华出众者，有泛泛如众者；有八面玲珑者，有谨小慎微者；有外向热情者，有沉默寡言者，可谓是性格迥异，各有不同。如何在有限的时间内，让这些不同类型的人集合起来，组建出一支高效的团队呢？

显然，最合理的安排就是，以每个人的专长为思考点，安排适当的位置；要考虑每个人的优缺点，进行机动性调整。只有让每个人发挥出最大的潜能，团队才能发挥出最大的效能。

马库斯·白金汉与柯特·科夫曼合著的《首先打破一切常规》中，有这样一个故事：

曼迪·M被提拔到领导公司的设计部门时，接手了一个叫约翰的员工。他被安排在一个重要的职位上，负责向客户提供概念建议。工作环境紧张而富有个性，同事们争先恐后地为客户设计出最巧妙的方案，只有约翰在苦苦挣扎。其实，约翰是个聪明人，他的才能足以胜任这项工作，可他在这个岗位上却什么也没做出来。大家都觉得，约翰离解雇不远了，如果他不主动辞职，也很快就会被炒鱿鱼。

曼迪知道，约翰不是一无是处的，他有自己的亮点。在升职的前几月，曼迪留意到，约翰曾经一度为一个很看重他的主管做事，且做得很出色。两个人相互信任、默契合作，可惜就在约翰崭露头角的时候，那位主管却被调任新职，约翰故态复萌。

从这个细节处，曼迪断定，约翰是一个需要与社会有更多联络的人，他需要得到外部的认可。抓住了这一点，曼迪对约翰的工作进行了调整，把他用在了对公司有重大价值的地方，即开发市场、拓展业务。

此后，约翰变成了一部销售机器。他天生善于和人打交道，询问他们的姓名，记住与他们有关的特别情况。约翰与公司的好几百现有的以及潜在的客户建立了真诚的关系，在沟通交往的过程中，现有的客户对公司保持忠诚，潜在的客户对公司多了认可。曼迪的这一安排，不仅让约翰找回了工作的激情，也给公司带来了巨大的效益。

在一个团队中，最重要的不是让每个人都变得完美，而是让每个人都发挥出最大的优势。在执行一项任务时，如何安排人员，直接决定着能否有效地把他人的优势转变成团队的业绩。当整个团队的成员都在做自己擅长的事时，工作效率自然就会提高。

12月

平衡身心的艺术

管理时间的终极目的，

是通向从容生活之路

生活里不是只有工作一件事

谁不会休息，谁就不会工作。

——笛卡尔

我们一直在谈论时间管理，那么，时间管理的终极目的是什么呢？

提高效率，用尽可能短的时间，高质量地完成既定任务。然而，这是最终的结果吗？不，我们真正要的是，告别混乱和盲目，用节省下来的时间，去享受高质量的生活。说到底，管理时间的终极目的，是为了获得从容的、美好的生活。

很多人把工作当成了全部，把所有的时间都用在了工作上，甚至把工作带回家，得到的却是一团乱麻似的日子，一副情绪化的脸，一颗疲惫不堪的心。

J是一家公司的销售主管，能够坐上这个位置，实属不易。她骨子里的有一份不服输的倔强，办公桌上永远有一张崭新的计划表，两天之内要处理的工作都罗列得很清楚。这张工作表，她每天都会进行更新，即使是累到筋疲力尽躺在被窝里，也要把计划表写完才肯睡去。

每天从睁开眼的那一刻起，她脑子里想的就是工作。在公司里，给客户打电话，与客户约谈，忘了时间，忘了休息。丈夫偶尔有事打电话给她，不是拒接，就是听到这样的声音：“我忙着呢，等会儿给你回电话。”这一等，就是一整天。

偶尔，工作的烦恼侵袭着她，让她无可是从。在公司里她是个销售主管，要展现出自己能干的一面，要给下属一个积极的形象，要让老板信任自己的能力，所以，她只能忍着。可一旦回到家，这种情绪就如洪水般地爆发了。

累了一天，回家后她没心思再做其他事情。家里经常不开火，丈夫工作也很忙，俩人要么各吃各的，要么就叫外卖。为了洗衣服、打扫房间的问题，J不知道跟丈夫吵了多少次。她觉着，丈夫不够心疼自己，嫌他不会做饭、嫌他懒，而丈夫也是一肚子委屈。

有一次，丈夫在情急之下，对J大发雷霆：“我不是你的下属，我公司的事不比你少，你什么时候关心过我？我遇到麻烦的时候，你说过一句耐听的话吗？只会指责我赚钱少，没能让你过清闲日子？你问问自己，是我不让你清闲，还是你自找的？现在，弄得现在家不像家，日子不像日子，你感觉不出来吗？我就不明白，干吗非要把外面的烦心事带回家里，折磨自己的家人……”一连串的问题，让J哑口无言。

J突然意识到，自己虽然是个好员工，却算不上优秀。因为，自己的努力没有给家人带来幸福和快乐，反倒破坏了融洽的生活，也影响了自己对生活、对工作的心情。如果再这样下去，很可能会满盘皆输。她也意识到，自己在事业和生活的天平上，倾斜得太厉害，是时候要改变一下生活模式了。

福特汉姆大学管理学客座教授桑德·弗劳姆，经过研究总结出了超级领导者具备的特征：他们更年轻，他们理解一周7天，一天24小时无眠无休工作的痛苦。他们意识到，如果家庭失和、没有朋友，他们的工作表现也会变得糟糕，他们还能敏感地感受来自家庭的需求，比如配偶快要达到临界点，或孩子需要获得更多关注。这些技能不是与生俱来的，而是经过多年的工作磨炼出来的。

关于这一点，杰克·韦尔奇也有类似的观点：“工作与生活的平衡说起来容易，做起来难。你老板的首要任务是竞争力，他当然希望你过得开心，但这也仅仅是因为一个开心的你能够帮助公司。”

无论社会如何变迁，家庭与事业都不该是对立的，而是相辅相成的。没有家人的支持、家庭的温暖，有成就时无人分享，有烦恼时无人分担；没有事业的支撑，少了经济的来源，生活就会缺少保障，家庭关系也会变得不稳固。唯有找寻到工作与家庭之间的平衡，并努力去维持这种平衡，才能保证高效的工作和愉悦的生活。

如何来平衡工作和生活呢?

·减掉无谓的加班

如果是工作计划的截止日期临近，而大量任务还没有完成，这时加班加点地忙碌一下无可厚非。如果是其他原因，比如到了下班点，其他人都没有走，你不希望跟别人不一样，即便完成了工作也不敢离开，那实在没有必要。老板看中的是具体的工作成果，而非外在的表象，只要让老板知道你的成果，就无须再为任何理由觉得自己在办公室里待得不够久。

·适当地休息一下

有一项研究表明，近三成的人都选择在办公桌前吃午餐，真的是分秒都不停息。其实，如果能在午间花一刻钟小憩一会儿，哪怕只是闭目休息，也能大幅提高一个人的警觉性，改善工作表现，增进整体的健康状况。

·放过休息日和假期

夜以继日地工作，连假期也不例外，并非什么好事。最好的方式，是就一两周的生活做一份时间明细表，记下每天花掉时间的方式，改善使用时间的模式，看看自己的工作安排有何不妥之处，及时调整。

·划清公与私的界限

你每天查看几次电子邮箱？工作有没有侵入到你的假期、汽车、卧室，霸占了原本可以自由运用的时间？如果是这样，那你要学会把生活区隔成不同的部分，把工作留在属于它的时间段，其余的时间，还给家人和自己。

只有会生活的人，才能体会到生活的快乐；只有时刻保持快乐的姿态，才能更好地投入工作，创造更多的效益。找到工作与生活的平衡点，是一种能力，也是一种艺术。

高效能的人，都是会休息的人

一个好好过生活的人，他的时间应该分做三部分：劳动、享乐休息或消遣。

——德国谚语

一个不懂休息的人，其实是不会工作的。很多人都认同这一点，可真到了实际的工作中，却又是另外的一番情景了。

咨询公司的客服C说："我很想出去旅行，彻底放松一次，可公司的规定是轮休制，根本没有黄金周这样集中的时间，没办法！"贸易公司的业务H说："每天从早忙到晚，有时连口水都喝不上，真是挺累的。有时，真想休一段时间的假，可我是北漂啊，要交房租要吃饭，真的休假了，工作压力能得到缓解，可生活上的压力又会让我喘不过气……"

他们的感受肯定会引起很多上班族的共鸣：想放松，想休假，可是没有集中的时间。难道，除了借助长假来放松，就没有其他办法了吗？当然不是。

几年前，企业培训师Mark陪朋友一同参加某行业高峰会议，会议的地点定在郊区的度假村。每到会议休息时间，一些公司的老总就会回到自己的房间，跟助手商议方案，或是研究其他公司的资料，就连吃饭都是让服务员送到客房里。

原本，Mark怕影响朋友的工作就主动提出，自己在度假村里转一转，可朋友却说不必，竟也跟Mark一起沿着度假村的湖边散步，或是欣赏一下奇花异草。Mark觉得很奇怪，以为朋友不重视这次峰会，或是平日工作太忙难得见到这大好山水，情不自禁地被感染了。

事实证明，Mark猜错了。每次会议上发言时，朋友都当仁不让，且思路敏捷、精力旺盛、侃侃而谈，一直是峰会上的焦点人物。会议结束时，Mark问朋友："这几天看你漫不经心、游手好闲的，可到了会上你却精神百倍，咄咄逼人，是不是有什么秘笈啊？"

朋友哈哈一笑，对Mark说："我吃了'灵丹妙药'！"

Mark自然知道这是开玩笑，可朋友后来说的话，却让我很受启发，"忙里偷闲，散散步，赏赏花，让脑子休息一下挺好。所以，这会议我是越开越精神！"

Mark知道，朋友肩负着企业总经理的担子，要处理的事务太多了。可那次高峰会议的事却让Mark拨开了心中的迷雾，明白了朋友的工作与休息之道：在紧张忙碌的工作外，挤出点时间从事与工作无关的事，这种忙里偷闲不但不会妨碍事业，反而帮他转换了思维，保持清醒的头脑。

在后来的工作中，Mark又接触了更多的企业领导者和职业经理人，而他们无疑也都具备这种忙里偷闲、放松自我的能力。Mark记得，一家音像公司的经理在独处时，总喜欢大声唱歌，这个习惯已经坚持了20多年；另一家文化公司的老板则喜欢每天早晨念经，他说："念经能安神，任何疲劳都可以忘记。"

相比这些领导者和职业经理人，许多普通的上班族在自我调适、平衡身心方面就显得比较欠缺。他们总是强迫自己无休止的工作，就像是“上瘾”一样，拒绝休息。待到身体不堪重负，达到了极限，则会选择用休长假或辞职的方式来处理。正因为此，有些很能干、很努力的人，却一直没有做出大的成绩。

做事的能力和态度很重要，可若想获得长久的发展，还必须善于进行自我调节，始终保持一个良好的状态。这就像走路一样，你必须先得走稳，才有可能走得远。如何走稳呢？显然，要适时地调整步调。

这种调整，不一定是要休长假，更多的时候是懂得忙里偷闲。如果你是脑力劳动者，坐在电脑前一两个小时后，不妨站起来走走，去休息室喝杯咖啡，也就是几分钟的时间，却能让你迅速恢复精力；你也可以在繁忙的时间表上，安排几分钟或十几分钟静坐默想的时间，获得内心的平静，暂时摆脱工作的压力和烦恼，退一步看看自己究竟在做什么？

生活中总有做不完的事，爬不完的坡，不能时时刻刻将弦绷得太紧，要有那么一点悠闲。工作忙不要紧，要紧的是你得懂得忙中偷闲，哪怕只是5分钟，也能暂时缓解一下疲惫，享受生活的乐趣，然后更有精力地投入到工作中，这才是理性做事的智慧。

越有时间压力，越是不能着急

休息之可贵，在于它是对工作而言。如果把它当作目的去寻求，则会造成一个最可怜的状况。

——斯文格

和多数都市上班族一样，S每天从早到晚处于各种忙碌中。清晨起来，忙着挤公交、挤地铁，在茫茫人海中挤出一席之地；到了公司，忙着工作，对着电脑码字，苦思冥想做方案，打电话约见客户，处理各种琐事；下班之后，忙着交际，忙着应酬。一周匆匆而过，却没有时间给父母打一个电话。

偶尔愣神儿的功夫，S会觉得很迷茫：自己每天像陀螺一样转着，到底在忙什么呢？折腾了好几年，生活上没什么大变化，可心里的压力却越来越大，甚至都难以承受。这样的念头也只是一闪而过，回过神之后，他便开始安慰自己："趁着年轻，就都拼命往前赶。"

可事情往往是这样：越着急，越出岔子。

有一次，他蒙头苦干了半天，结果电脑拉错一个键，所有的资料不翼而飞，气得他恨不得把电脑砸了；还有一次，好不容易赶出来的方案，一做报告才发现，有个致命的错误在其中，辛苦半天却换来一顿指责。

无休止地忙碌，没有成就感的茫然，让S对生活、对自己都有点失望。

朋友见他愁眉不展的样子，便约他周末一起爬山，想让他放松一下。或许是压抑太久了吧，到了目的地，S就急急忙忙地往前跑，根本没看地图，结果走岔了路，没有到达他从山脚下看到的那个亭子。如果说他走得慢点，走得不远，要回头还算容易，可他已经距离目的地很远了，要回头实在太辛苦。朋友无奈地笑道："你呀，工作也是匆匆忙忙，出来玩还是一样。什么事就只顾拼命往前赶，不出错才怪呢！"

这番话，简直是醍醐灌顶。S回想起上次在工作中犯的那个致命错误，当时就是因为任务太急了，满脑子都绷着紧紧的弦，根本没静心思考斟酌过。现在想来，越是有时间压力，越是不能急，要是多花点时间整理思绪，再真正开始全力赶工，肯定可以轻松准时完工，还不至于出现致命的错误。他决定，以后要换一种方式来工作。

很快，S接到了一项新任务：为某品牌做市场调查。他先得做一份调查问卷，但因为这个品牌是新出的，S并不太了解，所以如何设计问卷就成了一个棘手的问题。可主管顾不了那么多，一直催问S要结果，声称时间很紧张，不能因为不熟悉这个品牌就影响整体的上市进度，并提出要S用一天的时间拿出这个问卷的初始设计。

巨大的压力又来了。可这一次，S很淡定，他知道越着急越容易错，静下心后他想到了一个办法：用半天的时间收集市场上与这个品牌相近的产品广告、宣传册等资料；接着，他又找到设计这个产品的部门，向他们了解产品的设计思路、销售对象、价格等。做完这些，他又花半天的时间进行整理、设计，终于在下班前把问卷交到了主管手里，主管对他的工作成果也颇为满意。

事后，S总结出一个规律：工作中的事，越是因为时间不够而马虎，越是会耗用更多时间，反而会赶不上；若是先找对方向，按部就班地走，不马虎草率，往往会发现，一切都来得及。

工作忙起来的时候，总感觉时间不够用，因而就容易产生时间上的压力感。如果一味地焦急烦躁，往往会事倍功半，时间用掉了，事情没完成，得不偿失。为了避免这种情况的出现，减少心理的负担，轻装上阵去做事，就必须要懂得如何在时间压力下给自己放松。

·活用“死时间”

回顾一天的工作事项，以半小时为单位，给自己列一个详细的时间表，看看自己这一天的时间是如何用掉的，分析总结哪些时间被浪费掉了，成了莫名其妙溜走的“死时间”。接下来，把这些时间用来做一些琐碎的小事，比如填收据、收发邮件、打电话，等等。

·一次专心做一件事

工作时一定要全身心投入，充满紧迫感，不要边工作边做其他事。一次专心做一件事，用最快、最有效的方式完成，然后再进行下一项任务。胡子眉毛一把抓，往往什么都做不好，还会让自己产生焦虑不安的情绪。

·不要四处“救火”

工作要以最重要的事为先，把一天的事务列表，用80%的时间做既紧急又重要的事，其他再做重要的事，最后做紧急的事，以减轻自己的时间压力。这样一来，就等于是把最大的精力集中在了能获得最大回报的事情上，不至于白忙一场。

·节约时间成本

讲究利用时间的效率，尽量减少没有效率的会议、讲话等，要衡量付出的时间成本是否和所取得的效益成正比。

莫法特休息法：切换思考方式

变更工作内容便是最好的休息。

——柯南·道尔

农业上有一个术语叫间作套种，是常用的一种科学种田的方法，也是人们经过长期的生产实践得出来的经验。间作套种可以合理配置作物群体，让作物高矮成层，相间成行，可以有效地改善作物的通风透光条件，交错利用土壤肥力，实现养地增产的目的。

人的脑力和体力也是一样，如果长期持续从事同一项工作，就会产生疲劳，让大脑活动能力降低，精力涣散。此时，如果能够适当地改变工作内容，就会产生新的兴奋点，而原来的兴奋点会受到抑制，让脑力和体力得到调剂与放松。

R正处于年假中，可他却觉得，越休息越累，想看看书、学习一会儿，可刚坐下来就感觉浑身都软绵绵的，还不停地犯困。然而，前一天晚上，他并没有熬夜，完全睡足了8小时。想做点简单的工作，不用费太多的脑力，却始终无法集中精力，就是觉得累。他想借助小憩一会儿来缓解，没想到，睡了一觉之后，疲惫还是如影随形。

很多人都碰到过跟R一样的情形：越休息越觉得累，越休息压力越大，总是不自觉地焦虑和担忧，这是为什么呢？实际上，原因就在于，用错了休息方法。

英文《新约·圣经》的翻译者詹姆斯·莫法特，每天的工作量是巨大的。据他的一位朋友讲，他的书房里有三张桌子，一张摆放着他正在翻译的《圣经》译稿；一张摆放的是他的一篇论文的原稿；还有一张桌子摆放着他正在写的一篇侦探小说。然而，莫法特却从未觉得精力不够，或是疲惫憔悴，因为他就是靠从一张书桌挪到另一张书桌来休息的。

多数时候，疲劳都是厌倦的结果。要消除这种疲劳，不一定非要停止工作，变换一下工作的内容，也是一种选择。有时，我们是应该停下工作休息，但休息并不意味着什么都不做，只躺在床上睡觉，把工作的性质变化一下，疲劳一样可以得到缓解。比如，写作累了就看会书，或是到户外运动一下。我们对休息缺乏想象力，因而才经常未能对症下药，导致越休息越累。

休息不仅仅是体力上的恢复，也包括精神力的恢复。有时，我们并不觉得身体疲惫，可就是没有做事的动力，这就在提醒我们，需要切换思考方式了。

哲学家卢梭曾说，他只要工作时间稍长一点，就会觉得身心俱疲，且只要超过半小时专注地处理一个问题，就会感到累。为了解决这个问题，他让自己不断地处理不同的问题，累了就换一个问题继续思考，这让他的大脑保持着轻松愉快的状态，而他的研究的工作也没有间断。

为了防止工作中出现的疲劳感减慢工作效率，影响我们做事的情绪，我们要经常地变换工作方式、工作地点，或是几种工作互相交叉同时进行，让大脑一直处在新鲜的信息刺激下。这就是莫法特休息法的核心，事实上，它包含以下5种类型的“工作—休息”模式：

·抽象与形象交替

研究理论问题可以跟学习形象的、具体的问题交替进行，比如，在研究哲学、美学、历史、心理等问题感觉疲惫时，可以去看看小说、散文或图片，这样的话，大脑左半球会得到休息，同时大脑右半球得到充分利用。之后，再去研究理论问题，就能够恢复充沛的精力。

·转换问题的切入点

对于同一个研究对象，如果切入点不同，大脑的兴奋点就会不一样，这时也能够达到休息和提高效率的目的。比如，阅读一部理论专著，在从前往后的研读中，觉得很枯燥，身心有疲惫感。那么，不妨从自己感兴趣的地方去读，逐渐扩展，就能让自己兴趣盎然，集中精力。

·体力与脑力交替

这种方式很常见，也比较容易理解，就是进行一段时间的脑力劳动，略感疲惫时，放下手头的工作，出去运动一下，如散步、慢跑一会儿，就会感到精神焕发。

·动与静交替

长时间用一个姿势学习、写作或阅读，很容易感到疲劳，适当地改变一下姿势，或是变换一个地点，都可以兴奋神经，消除疲倦。比如，坐着录入一小时后，感到有些累，不妨站起来工作。

·工作与休闲交替

工作是必需的，娱乐也不可少，和谐的生活需要有张有弛，方能长久。突击式的工作只适合一时，时间久了，必然会引发危害。在紧张工作的间隙，可以看看电影、听听音乐、爬爬山，体会一下休闲生活的乐趣，这不是浪费时间，而是愉悦身心的选择，可以有效地提高创造力，甚至获得某些灵感的启示。